COMENTÁRIOS À CONSTITUIÇÃO POLÍTICA DO IMPÉRIO DO BRASIL DE 1824

Leonardo José Feitosa Neiva

Leonardo José Feitosa Neiva é professor de Direito do IFPI, e mestre em Direito pela Universidade Católica de Brasília.

Contato: leoneiva20@gmail.com

A Deus e Nosso Senhor Jesus Cristo. Às pessoas amadas de minha família que dão sentido à vida: minha esposa, Aretha, e minhas filhas, Alícia e Audrey (ainda no ventre materno); a meus pais, Socorro e Raimundo; a meus irmãos, Marcelo e Júnior; a minha Madrinha, Mariquinha; aos demais familiares.

Sumário

Apresentação da obra

O Brasil é o eterno país do futuro. Por um lado, não nos faltam potencialidades naturais e humanas (capacidade técnica avançada e disposição para o trabalho), por outro, não nos faltam sérios problemas econômicos e sociais.

No Brasil atual, fundamentado na Constituição Federal de 1988, todos têm direito a receber educação do Estado, mas a realidade é que nossos alunos estão entre os piores do mundo, conforme aferidos constantemente por testes internacionais. A rede privada de ensino oferece ensino de excelente qualidade, as escolas públicas é que via de regra vão muito mal. No que se refere aos cuidados com a vida dos brasileiros, a Carta de 1988 afirma que a saúde é direito de todos os brasileiros e responsabilidade do Estado, todavia, os corredores dos hospitais públicos estão lotados de pacientes agonizantes, muitos morrendo por falta dos materiais mais básicos. Mas como ter saúde se não há sequer saneamento básico na maior parte do país? Quanto à preservação da segurança pública, a mais básica das funções do Estado, os cidadãos de bem foram desarmados por imposição legal, sob o pretexto de que assim se diminuiria a criminalidade violenta (especialmente os homicídios praticados com arma de fogo), mas a realidade é que se mata cada vez mais no Brasil. As polícias, em geral, se esforçam bastante, mas sofrem com escassez de tudo, desde viaturas a munição, e pagam com o próprio sangue pelo caos instalado. O sistema prisional do país é uma vergonha, pois de dentro das celas os criminosos continuam a perpetrar e ordenar toda sorte de crimes, desde a venda de drogas a organização de assassinatos. Aliás, as principais organizações criminosas brasileiras são comandadas de dentro dos presídios. E para piorar, o Poder Judiciário brasileiro, o mais caro do mundo, não consegue sequer julgar os criminosos que são submetidos a Processo Penal.

Enfim, algo deu muito errado na terra que poderia ser das mais desenvolvidas do mundo. Sob muitos aspectos o Brasil é, sem dúvidas, um Estado fracassado, que só não mergulhou num caos ainda maior por verdadeiro milagre de Deus.

Ora, sendo o Direito fato, valor e norma, na clássica definição de Miguel Reale, todos os fatos econômicos e sociais ocorridos numa nação possuem relação estreita com sua ordem jurídica nela instaurada. Isso implica dizer que muitos dos principais problemas que afligem os brasileiros são consequências diretas ou indiretas, previstas ou imprevistas, das normas jurídicas que regem a sociedade. Assim, não tenho o menor receio em afirmar que uma das principais culpadas de nossas mazelas é justamente a norma fundamental do Direito brasileiro, qual seja, a Constituição Federal de 1988. Muito embora seja festejada por uma infinidade de juristas (e ela possui sim uma série de pontos positivos), a Carta fracassou feio em seu projeto de ordenar o Brasil rumo ao tão desejado progresso econômico e social.

Em primeiro lugar, embora preserve os direitos individuais de primeira geração, como o direito à propriedade privada, o texto de 1988 é fortemente impregnado de valores socialistas, e, como a história demonstra, o socialismo não deu certo em parte alguma. Dessa forma, a Constituição de 1988 restou marcada por um grave desequilíbrio entre os direitos que teoricamente assegura aos cidadãos e as responsabilidades que não impõe aos mesmos. Como consequência disso, temos um Estado obeso, largamente ineficiente, e que cresce cada vez mais. E como bem nos ensina Olavo de Carvalho, cada vez que alguém adquire um direito, significa que a alguém fora atribuído o dever de satisfazer aquele direito. Portanto, quanto mais direitos o Estado nos concede, mais burocratas ele terá de contratar, e consequentemente mais fortes serão a tributação e o controle sobre a liberdade individual do povo.

Em segundo lugar, quanto à divisão dos poderes e o controle dos governantes pelos cidadãos, a Carta de 1998 instaurou um regime republicano que mais se assemelha às republiquetas falidas da América Latina do que aos Estados Unidos da

América. Protegidos pela grada do foro privilegiado (eufemisticamente chamado de foro por prerrogativa de função) e por um Supremo Tribunal Federal que não cumpre seu papel institucional, uma classe política corrupta comanda o Estado com o fim último de enriquecer a si mesma, pouco se importando com o gradual desmoronamento dos pilares da sociedade. Os políticos brasileiros têm certeza de que seus crimes restarão eternamente impunes.

Então, sendo evidente que o sistema político-eleitoral brasileiro está falido e que os culpados são os políticos, precisamos retirá-los de seus postos, precisamos assegurar que os piores dentre eles não sejam reeleitos. Todavia, as presentes regras constitucionais não permitem que se faça isso de forma simples, rápida e eficiente. Isto implica dizer que o atual sistema político-eleitoral desvirtua a vontade popular e favorece a continuidade de uma política que é podre desde a raiz, e que o povo (do qual deveria emanar todo o poder) não possui meios institucionais para mudar tal quadro. Pior que isso:

como conseguiremos avançar na solução dos referidos problemas nacionais se os culpados são justamente os encarregados de fazer as novas regras jurídicas? Em suma, o povo brasileiro quer uma política séria, quer instituições fortes e quer liberdade para tocar os afazeres de sua vida, mas devido a diversos impedimentos legais não consegue transformar tais aspirações numa mudança efetiva do quadro político.

Qual seria, então, a melhor solução para o Brasil? Via de regra, as mudanças legislativas (especialmente aquelas cujos efeitos na sociedade podem ser mais profundos) devem ser feitas um passo de cada vez, com prudência, com calma. Ou seja, em tese, as reformas devem ser feitas de forma lenta e cuidadosa, para evitar que se perca aquilo de bom que possui nossas instituições. No entanto, o atual quadro de degeneração da política nacional pede medidas extraordinárias, pois o estado de desgoverno observado, principalmente em Brasília, mas também nos governos estaduais e municipais, tem custado a vida de dezenas milhares de brasileiros, vítimas da violência ou do descaso do poder público. Então, urge reconhecer que a Constituição Federal de 1988 precisa ser substituída. Cedo ou tarde isso acontecerá.

Mas é óbvio também que não podemos aceitar qualquer mutação. O Brasil precisa de regras jurídicas sólidas, que lhe tragam de volta a estabilidade perdida e as glórias do passado. Mas o brasileiro observa tanta coisa errada acontecer em nossa república que se esqueceu que nem sempre foi assim. A política brasileira já foi muito mais séria, o país já foi bem administrado, as pessoas do passado viviam seguras em suas casas sem muros. Então, o caminho a seguir não é o curso revolucionário, não é um salto no escuro, mas o caminho da restauração, do ressurgimento daquilo que houve de melhor no país. Precisamos recompor os fundamentos jurídicos do Brasil, através do resgate das melhores normas presentes na Constituição de 1824. A Carta do Império seria o modelo ideal para uma nova constituição brasileira (que cedo ou tarde terá de ser feita), ou até mesmo para a reforma da atual constituição naquilo que for compatível.

Evidentemente, muitos dispositivos da Carta de 1824 precisam ser adaptados para satisfazer as exigências dos tempos atuais, mas suas principais ideias seriam excelentes pilares para o Brasil do futuro. E dentre tais normas de fundamental importância, devemos destacar o retorno da figura do Imperador. Sim, o Brasil precisa restaurar sua monarquia. A experiência histórica nos mostra que os países que adotam um regime político de Monarquia Constitucional Parlamentar estão entre os mais desenvolvidos do mundo, precisamente porque há uma grande força estabilizadora e aglutinadora da nação na figura do monarca. Os problemas são resolvidos mais rapidamente em tais regimes, pela regra da dissolução real dos parlamentos, e o rei serve de garantia para o povo contra qualquer tentativa de implantação de tirania. Além disso, os reis tendem a fazer de tudo que está a seu alcance para manter a unidade e o bem-estar da nação, visto que disso depende não só suas vidas, mas o futuro de sua dinastia. Os reis se preocupam com a governabilidade das futuras gerações, e não somente com os dois ou quatro próximos anos. Em suma, a Monarquia Constitucional é uma instituição que resistiu muito aos testes do tempo.

E não sou o único que pensa assim. O movimento monarquista brasileiro tem crescido de forma significativa nos últimos anos, tanto em quantidade como em qualidade. E longe de ser uma causa de velhinhos ricos e elitistas, conta com a apoio de milhares de jovens. Ademais, a ideia é abertamente defendida por figuras de destaque da política e cultura brasileiras, tais como o jornalista e deputado Paulo Eduardo Martins, os escritores Flavio Morgenstern, Bruno Garschagen, e o jurista Ives Gandra Martins Silva.

Diante disso, tem crescido o interesse do público por obras literárias que tratem do período imperial. Já existem no mercado obras para todos os gostos, tratados de história, biografias e análises de ciência política, entretanto, poucos livros realizam uma análise científica de nossa primeira Constituição. Esse é o objetivo da presente obra. Pretendo explicar, sob o prisma do Direto, os principais dispositivos da Constituição Política do Império do Brasil de 1824. Com isso, espero que a obra contribua para o entendimento do leitor sobre o Brasil Império, mas, sobretudo, que sirva para resgatar o que há de melhor nas raízes mais profundas de nosso Direito, com vistas a pensar o Brasil do futuro. Pretendo, enfim, que a obra ajude a resgatar os fundamentos jurídicos do Brasil.

CONSTITUIÇÃO POLITICA DO IMPERIO DO BRAZIL (DE 25 DE MARÇO DE 1824)

Constituição Política do Império do Brasil, elaborada por um Conselho de Estado e outorgada pelo Imperador D. Pedro I, em 25.03.1824.

Carta de Lei de 25 de Março de 1824

DOM PEDRO PRIMEIRO, POR GRAÇA DE DEOS, e Unanime Acclamação dos Povos, Imperador Constitucional, e Defensor Perpetuo do Brazil : Fazemos saber a todos os Nossos Subditos, que tendo-Nos requeridos o Povos deste Imperio, juntos em Camaras, que Nós quanto antes jurassemos e fizessemos jurar o Projecto de Constituição, que haviamos offerecido ás suas observações para serem depois presentes á nova Assembléa Constituinte mostrando o grande desejo, que tinham, de que elle se observasse já como Constituição do Imperio, por lhes merecer a mais plena approvação, e delle esperarem a sua individual, e geral felicidade Politica : Nós Jurámos o sobredito Projecto para o observarmos e fazermos observar, como Constituição, que dora em diante fica sendo deste Imperio a qual é do theor seguinte:

1. Contextualização histórica da Carta de 1824 e considerações sobre seu Preâmbulo

1.1 A origem histórica da Constituição de 1824

A criação de nossa primeira constituição, a Constituição Política do Império do Brasil, de 1824, fora resultado de uma longa sequência de eventos históricos críticos, que envolveram o Império Português e seu núcleo de poder político, a família real. Cada um desses grandes acontecimentos, que provocaram profundas consequências políticas, sofreu fortes influências das correntes filosóficas e ideológicas prevalentes na época. Compreendê-los minimamente é fundamental, portanto, para buscar o espírito de nossa primeira Carta Magna, objetivo último desta obra.

1.2 A Família Real de Portugal no Brasil

No ano de 1807, a fim de sufocar economicamente seus inimigos, Napoleão Bonaparte, Imperador autoproclamado da França, determinou o Bloqueio Continental da Grã-Bretanha. A medida consistia em proibir que os navios britânicos tivessem acesso aos portos de todos países sob domínio francês, o que englobava grande parte da Europa. Portugal, no entanto, mantinha estreita relação econômica e militar com a Inglaterra, motivo por que desobedeceu ao decreto francês. Napoleão, por conta disso, ordenou sua invasão, contando com total apoio da Espanha, que era velha rival dos portugueses. E, sabendo que não poderia resistir aos franceses, o então Príncipe regente de Portugal (a rainha, sua mãe, havia enlouquecido), Dom João, ordenou a execução de um antigo plano dos reis da Casa de Bragança e fugiu com toda sua família para o Brasil, trazendo junto a Corte (a nobreza) e toda a hierarquia governante do reino. Foi uma fuga, certamente, mas foi também um ato de estratégia política, que preservou a ordem jurídica portuguesa e a dinastia reinante[1].

Logo em sua chagada a Salvador, em janeiro de 1808, sob influência do Visconde Cairu - eminente político brasileiro cujas ideias se inspiravam nos ingleses Adam Smith e Edmund Burke[2] - Dom João decretou a abertura dos portos brasileiros a todas e quaisquer mercadorias provenientes de países que se encontrassem em paz com Portugal, desde que, claro, pagassem 24% de tributação.

Tal ato marcou o fim da Era Colonial, caracterizada pelo monopólio dos comerciantes portugueses em relação ao comércio exterior brasileiro. Mas as realizações de Dom João não pararam por aí. No mesmo ano, aboliu a proibição da instalação de manufaturas no Brasil, e para alavancar o setor agrícola, abriu estradas ligando os portos às regiões de cultivo mais distantes. No que concerne à paz interna do território brasileiro, o Príncipe enviou tropas para combater índios ferozes na região do Rio Doce. A respeito da estrutura necessária para a administração, ordenou a criação da Imprensa Régia, fundou o Banco do Brasil e a Biblioteca Real (hoje Biblioteca Nacional), mandou erguer palácios, teatros e também o Jardim Botânico. No campo da educação, criou diversas instituições de ensino, como a Escola Médico-cirúrgica da Bahia. Na esfera militar, ordenou a criação da Academia Militar e do Hospital Militar, tomou possessões francesas na Guiana, e tomou da Espanha a Província Cisplatina, hoje o Uruguai. E no ano de 1815, alçou oficialmente o Brasil à condição de reino, formando o Reino Unido do Brasil, Portugal e Algarves.

Em suma, Dom João VI, que fora coroado rei em 118, após a morte de sua mãe, dotou o Brasil de toda uma complexa estrutura administrativa e cultural dignas de um reino europeu. O Rio de Janeiro passou a ocupar a posição de capital do Império Português.

No que se refere à disputa de poder político, haviam na Corte de Dom João dois projetos para a nova conformação do Império Luso-Brasileiro. O primeiro destes defendia um grande reino português, unido na figura do monarca, mas sediado no Brasil, no qual Brasil e Portugal teriam igual status. O segundo projeto sustentava a formação de um governo constitucional, com primazia do Legislativo sobre a Coroa, embora predizendo também "soberania política" para o Brasil na nova configuração política[3].

De uma forma ou de outra, resta evidente que o poder político dos brasileiros crescera acentuadamente em relação aos portugueses sob as ordens do referido monarca.

1.3 A Revolta Liberal do Porto, de 1820

Ao tempo em que o Brasil se desenvolvia e ganhava poder político sob as ordens de Dom João VI, em Portugal crescia o movimento em prol de uma constituição portuguesa. Em 1808, um grupo de portugueses simpáticos à França realizou, uma súplica formal a Napoleão, clamando por uma carta política que lhes garantisse representação política, igualdade de todos perante a lei, especialmente igualdade fiscal, liberdade de imprensa, liberdade de cultos, e fomento da instrução pública[4]. Já no ano de 1820, após a expulsão dos franceses, eclodiu a chamada Revolução do Porto, de caráter liberal e apoiada por militares veteranos das Guerras Napoleônicas. E, ao mesmo tempo, outro núcleo de revolta liberal derrubou o governo oficial e instalou um governo interino em

Lisboa. Em seguida, os grupos revolucionários se uniram, e convocaram uma Assembleia Constituinte para Portugal, com o intuito de garantir seus direitos individuais e assumir definitivamente o controle das ações do governo, através de um Parlamento, pondo fim ao Antigo Regime nas terras sob domínio português e aos privilégios que lhe eram característicos.

Como consequência de tais acontecimentos, houve a formação de Juntas de Governo nas províncias do Brasil, que se declaravam submissas à nova casa legislativa de Lisboa, ainda que também jurassem sua fidelidade a Dom João VI. O rei, enfraquecido, e tendo perdido o apoio até mesmo da guarnição militar do Rio de Janeiro, fora obrigado a aceitar o movimento e retornar a Portugal em 1821. Seu herdeiro, no entanto, Dom Pedro, decidiu desobedecer a ordem e permanecer neste lado do Atlântico[5]. Interessante ressaltar que o Príncipe permaneceu na condição de regente, com poderes que conservavam o Antigo Regime nas terras brasileiras[6].

As Cortes de Lisboa foram compostas por deputados brasileiros e deputados portugueses, e nossos deputados fizeram árduas tentativas no sentido de preservar a autonomia brasileira numa nova estrutura de união política e constitucional entre os reinos do Brasil e de Portugal. No entanto, os deputados portugueses se mostraram intransigentes em seu intuito de ver definitivamente rebaixado o status do Brasil, e ver também restaurados seus antigos privilégios comerciais. Por fim, em 1822, as Cortes promulgaram a Constituição de Portugal, que foi assinada sob coação pelos 36 parlamentares brasileiros ali presentes, Carta que ressuscitava o antigo pacto colonial. Caso permanecesse a Nação unida à metrópole, todo o avanço experimentado desde 1808 seria perdido[7].

1.4 O processo de Independência do Brasil

Após a partida do rei de Portugal, seu filho Dom Pedro I passou a governar o Brasil com certa desenvoltura, mas a verdade é que sua autoridade não se estendia até muito além do Rio de Janeiro, pois as Juntas é que realmente possuíam o comando em cada província[8]. Enquanto isso, em Portugal, as Cortes avançaram com sua agenda, e em dezembro de 1821 chegaram ao Brasil decretos que revertiam toda a obra de emancipação do país realizada por Dom João VI. Isto é, a ordem das Cortes era dissolver cada instituição criada pelo monarca, e cortar todos os laços que uniam entre si as províncias. Além disso, a resolução para que o Príncipe retornasse a Portugal fora renovada. Evidentemente, tais ordens das Cortes, bem como o modelo constitucional adotado na Carta de Portugal, desagradaram profundamente a opinião pública brasileira. Temia-se (com bastante razão) ver a nação reduzida novamente à condição de mera colônia. Assim, José Bonifácio de Andrada e Silva, intelectual respeitado que passara muitos anos na Europa, organizou uma reunião da Junta Provincial de São Paulo, na qual se declarou ao Príncipe Dom Pedro que caso o mesmo partisse, o Brasil se separaria de Portugal. Em seguida, as Juntas de Minas

Gerais e do Rio de Janeiro movimentaram-se no mesmo sentido. O Brasil pediu a Dom Pedro que se pusesse contra as ordens das Cortes, e sua resposta, em janeiro de 1822, foi: "Como é para bem de todos e felicidade geral da nação, diga ao povo que fico"[9].

Em seguida, José Bonifácio, que fora nomeado por Dom Pedro I Ministro dos Negócios do Reino e Estrangeiros, iniciou um processo de reestruturação de um poder centralizado em território brasileiro, ao convocar um conselho formado por membros de todas as províncias, para instruir o Príncipe. Como passo seguinte, um decreto do Príncipe, de fevereiro, passou a submeter a seu crivo a aplicação de todas as ordens vindas de Portugal. E para deixar claro que não haveria volta, Dom Pedro convocou, em 3 de julho de 1822, a formação da Assembleia Geral Constituinte Legislativa, ao tempo em que convidando as nações estrangeiras a celebrar relações diplomáticas com o Brasil. Toda essa sucessão de atos significa que Dom Pedro já havia decidido pela independência do Brasil, e já a estava colocando em prática. O grito às margens do Rio Ipiranga, em 7 de setembro, fora apenas o ato final de um longo processo, motivado pelas novas ordens das Cortes de Lisboa, que anulavam todos os atos do Príncipe e o responsabilizavam, junto com seu Ministério. Ressalte-se que houve resistência armada de tropas leais a Portugal, sobretudo nas províncias do Norte e Nordeste (no Piauí tivemos a localmente famosa Batalha do Jenipapo), mas estas foram expulsas do território pelas tropas brasileiras. Dom Pedro I fora aclamado "Imperador Constitucional do Brasil", em 12 de outubro de 1822, no Senado da Câmara da nova nação[10].

Poucos brasileiros reparam para o fato de que a Independência do Brasil fora realizada por ninguém menos que o herdeiro do trono de Portugal. Cabe lembrar que após abdicar da coroa brasileira, Dom Pedro I retornou a Portugal e após travar guerra com o irmão Miguel tornou-se rei daquele país, por um curto período, no que foi sucedido por sua filha Maria II. Então, embora tenha havido luta armada nos momentos iniciais, um laço de sangue tão próximo entre as duas casas reais, dois ramos da Casa de Bragança, colocou freios à revolução e evitou um prolongamento da violência entre o Brasil e sua antiga metrópole[11].

1.5 A Assembleia Constituinte de 1823 e a outorga da Carta de 1824

Em 3 de maio de 1823 iniciaram-se os trabalhos da Assembleia Constituinte, que havia sido convocada em junho do ano anterior (meses antes da declaração formal de Independência). Dom Pedro I jurou defender a Constituição que seria escrita, se fosse a mesma digna dele e do Brasil. Isto é, o monarca não aceitaria uma carta que lhe reduzisse demasiadamente a esfera de poder. Entretanto, foi exatamente esse o rumo escolhido pela Assembleia. Havia muita pressão dos liberais por uma soberania absoluta do Parlamento (como havia na Inglaterra), e discutia-se acaloradamente se o Imperador teria ou não poder para sanção e veto de leis, além do poder de dissolver a Câmara. Por outro lado, os conservadores tinham expectativas completamente diferentes do Imperador. Assim, dado o impasse insolúvel, o Dom Pedro I dissolveu o Ministério e simplesmente fechou a Assembleia Constituinte, para, somente em 1824, dar ao Brasil uma Constituição outorgada, uma Carta que autolimitava seus poderes, redigida pelo Conselho de Estado[12].

O jurista Paulo Bonavides[13] é da opinião de que a dissolução da Constituinte de 1823 fora um duro golpe no poder constituinte originário dos governados. Todavia, cabe lembrar ao leitor que a maioria das constituições da época eram outorgadas pelos monarcas, que eram antes absolutistas, e não promulgadas[14]. Assim, a outorga da Carta de 1824 pode parecer uma aberração autoritária para o brasileiro de 2018, mas certamente não o era para o brasileiro da época.

Registre-se, ainda, que, em razão da independência de Portugal ser muito recente, havia urgência em dar ao Brasil uma Constituição. Assim, a Carta de 1824 concedeu ao país um lastro de juridicidade fundamental, tanto para a manutenção da ordem interna e da integridade territorial, como para a reafirmação da soberania brasileira na ordem internacional. E cumpre salientar também que Dom Pedro I tomou certas medidas para dar um mínimo de legitimidade democrática para a nova lei fundamental do Brasil. Em primeiro lugar, dos dez membros do Conselho de estado que redigiram o documento, nada menos que sete era membros da Constituinte de 1823, mantendo algum vínculo com a assembleia dissolvida. Em segundo lugar, enviou-se a todas as câmaras municipais uma cópia do projeto, para que estas pudessem apresentar objeções. A imensidão do território e o prazo exíguo tornaram a medida de pouca utilidade, poucas discordâncias foram levantadas e não houve um verdadeiro debate, mas há de se reconhecer que houve alguma apreciação pública do projeto. Em terceiro lugar, convocou-se os cidadãos, por edital, a comparecer ao Senado da Câmara do Rio e assinar em livros próprios se concordavam ou não com transformação imediata do projeto em constituição, sendo que após duas semanas não havia sequer uma assinatura em contrário e nada menos que 42 páginas de assinaturas favoráveis[15].

Todavia, a Província de Pernambuco não reagiu nada bem à dissolução da Assembleia Constituinte, e pegou em armas contra o Imperador. Encabeçada por Frei Caneca e Paes de Andrada, a Reação Pernambucana, de caráter republicano e presidencialista, intentou instituir na região um Estado de nome Confederação do Equador. O movimento pregava a ilegitimidade da Carta de 1824 e postava-se contra a concentração de poderes nas mãos do Imperador, bem como da vitaliciedade do Senado. Além disso, o Imperador Dom Pedro I enfrentaria ainda muitos problemas políticos e econômicos, tais como a Guerra contra Buenos Aires, em 1825, e a Guerra Cisplatina, que culminou com a independência do Uruguai. E em 1831, sem força política para manter-se no poder, Dom Pedro I abdicou ao trono em favor de seu primogênito, Pedro II.

1.6. Comentários ao Preâmbulo da Carta de 1824

A Constituição de 1824 inicia fazendo referência à condição de Dom Pedro I, de "Imperador Constitucional, e Defensor Perpetuo do Brazil", por "Acclamação dos Povos" (sic). Isto é, a Carta ressalta que Dom Pedro I sagrou-se Imperador para defender o Brasil e os direitos constitucionais do povo brasileiro, em nome da Santíssima Trindade. Nessa escolha de termos podemos observar a ideia medieval de que os diretos naturais precedem às constituições escritas, pois decorrem da ordem divina e não do desígnio humano. Infere-se ainda que a Independência não fora realizada por simples ato de conquista militar (até porque o herdeiro do trono já era ele mesmo), mas por requisição do povo às suas Juntas eleitas, como forma de assegurar a autonomia do Brasil face à antiga metrópole.

O juramento que deveria ser prestado pelos Imperadores diante da Assembleia Geral antes de sua aclamação, previsto no Art.103 da Carta de 1824, era o seguinte: "Juro manter a Religião Catholica Apostolica Romana, a integridade, e indivisibilidade do Imperio; observar, e fazer observar a Constituição Politica da Nação Brazileira, e mais Leis do Imperio, e prover ao bem geral do Brazil, quanto em mim couber".

Pode-se observar, ainda, que a concepção de poder político adotada pela Carta de 1824 inspira-se na doutrina sobre o Poder de Império da antiga monarquia portuguesa. A referida teoria política portuguesa do Século XVIII sustentava caber exclusivamente ao monarca a inspeção das condutas de todos os homens do reino, isto é, cabia ao rei português a regulação suprema da sociedade civil, com vistas à garantia de segurança para o povo e promoção da riqueza da nação. Previa também tal concessão ser um dever religioso do súdito a obediência ao rei, cujo poder deveria abranger todos os assuntos de caráter temporais. Nesse sentido, o Imperador Dom Pedro I, herdeiro da longa linhagem real da Casa de Bragança, fora até mesmo descrito como sagrado por Frei Sampaio em seu discurso de coroação (símbolo do rei-salvador). Por outro lado, a Carta lembra o compromisso do Imperador, realizado em sua coroação, como supremo protetor dos direitos constitucionais do povo brasileiro, direitos estes originados dos princípios do direito natural (simbolo do rei-soldado).

Em suma, seguindo a tradição do Direito português, a Constituição de 1824 enfatiza em seu preâmbulo que Dom Pedro I fora feito Imperador do Brasil por Deus e pelo povo brasileiro[16].

CONSTITUICÃO POLITICA DO IMPERIO DO BRAZIL.

EM NOME DA SANTISSIMA TRINDADE.

TITULO 1°

Do Imperio do Brazil, seu Territorio, Governo, Dynastia, e Religião.

Art. 1. O IMPERIO do Brazil é a associação Politica de todos os Cidadãos Brazileiros. Elles formam uma Nação livre, e independente, que não admitte com qualquer outra laço algum de união, ou federação, que se opponha á sua Independencia.

Art. 2. O seu territorio é dividido em Provincias na fórma em que actualmente se acha, as quaes poderão ser subdivididas, como pedir o bem do Estado.

Art. 3. O seu Governo é Monarchico Hereditario, Constitucional, e Representativo.

Art. 4. A Dynastia Imperante é a do Senhor Dom Pedro I actual Imperador, e Defensor Perpetuo do Brazil.

Art. 5. A Religião Catholica Apostolica Romana continuará a ser a Religião do Imperio. Todas as outras Religiões serão permitidas com seu culto domestico, ou particular em casas para isso destinadas, sem fórma alguma exterior do Templo.

2. Comentários ao Título 1° - Do Imperio do Brazil, seu Territorio, Governo, Dynastia, e Religião

2.1 O Império do Brazil

A intenção da norma era explicitar que qualquer forma de união política com Portugal estava definitivamente encerrada, apesar dos laços sanguíneos estreitos entre os monarcas dos dois países. Certamente era uma advertência imprescindível, visto que durante longo período pai e filho governavam Brasil e Portugal, ao que se sucedeu longo período em que a rainha de Portugal era Maria II, irmã mais velha de nosso Dom Pedro II.

O Brasil passou, então, à condição de Estado-Nação dotado de soberania. Segundo a definição clássica, soberano é o Estado que possui o monopólio da produção jurídica e do uso da força em seu território, não reconhecendo nenhuma entidade política superior na ordem internacional. Assim, internamente o Estado soberano se sobrepõe às demais forças sociais, impondo suas normas aos cidadãos e organizações, no intuito de assegurar a paz social. Externamente, o Estado soberano se coloca em posição de igualdade formal com todos os outros estados nacionais[17].

Advirta-se, no entanto, conforme esclarece Olavo de Carvalho[18], que, segundo a ideia original, soberana era aquela ordem política cujos poderes do soberano se estendiam até o limite da ação humana, não reconhecendo nenhuma autoridade superior em toda a terra. Isto é, a mitologia adotada pela sociedade definia até onde poderia ir o ser humano, e tudo aquilo que o homem pudesse fazer era domínio do soberano. Acima do soberano somente estava a ordem divina. Dessa forma, para o Império Romano e o Império Mongol, por exemplo, todo o mundo era território seu por direito, ainda que por razões práticas não estivesse sob seu domínio. Em verdade, foi somente na Europa renascentista que começou se a falar de soberania limitada a um território, apelando para um elemento histórico, qual seja, a identidade nacional dos povos. Então, há uma contradição entre o sentido original de soberania e aquele atualmente aceito, que sempre levará a graves problemas. No fim, a coisa toda se decide pela guerra, pois os aspectos históricos definidores do caráter nacional podem ser falseados ou submetidos a interpretações incoerentes para deslegitimar a soberania um povo, ou para legitimar o domínio de um povo sobre outro. Portanto, cedo ou tarde todas as nações, todos os povos, terão de lutar para manter suas soberanias.

2.2 O território do Império

Sob aspecto estritamente jurídico, o território de um Estado é aquela porção do globo na qual suas leis são aplicadas de forma soberana. Sob outros aspectos, é o lugar onde vivemos e onde viverão nossos filhos e netos, é o lugar no qual o homem comum escreve sua história e deposita sua lealdade. Logo, as fronteiras são fundamentais para a existência do Estado-Nação[19].

Quanto à organização interna do território brasileiro, conforme previsto na Carta de 1824, conservou-se sua divisão em províncias, mantendo aquelas já existentes à época, e ressalvou-se que as mesmas poderiam ser subdivididas para melhor atender o interesse do Estado. Assim, o novo Estado seria centralizado, e não uma federação. Falaremos sobre federalismo e centralização mais adiante.

2.3 Regime político

No que se refere à forma de Governo, a Carta Política de 1824 instaurou uma monarquia constitucional. O Estado brasileiro teria governo monárquico, hereditário, constitucional e representativo, seria um império da lei desenhado para assegurar a representação política e os direitos naturais reclamados pela opinião pública, ao tempo em que preservava a tradição da ordem monárquica. Trataremos melhor da ideia de monarquia hereditária em outro ponto da obra.

2.4 Religião oficial e liberdade religiosa no Império

Durante o período colonial, não havia, de fato, liberdade religiosa no Brasil, uma vez que os portugueses impunham a fé católica aos indígenas e escravos. E, mantendo de certa forma a mesma linha, a Constituição de 1824 assegurou a "Religião Catholica Apostolica Romana" como sendo a fé oficial do Império. Portanto, não havia Estado laico, não havia separação entre Estado e Igreja, como é a atual regra geral nos estados do Ocidente. As demais religiões eram todas permitidas aos brasileiros, sim, mas somente como "culto domestico, ou particular em casas para isso destinadas".

A questão da separação entre religião e Estado é bastante espinhosa, mas no Brasil, a laicidade do Estado conta com apoio maciço dos juristas e da opinião pública letrada. A título de exemplo, encontramos uma publicação oficial do Conselho Nacional Ministério Público destinada à defesa da tese do Estado laico, composta por nada menos que 12 artigos. E é justamente num dos textos dessa publicação que podemos encontrar excelente definição da ideia de Estado laico, definição esta que será bastante útil para nosso raciocínio. Confira-se:

> A idéia básica da laicidade é bastante simples: grosso modo, ela consiste em que o Estado não professa nem favorece (nem pode

professar ou favorecer) nenhuma religião; dessa forma, ela contrapõe-se ao Estado confessional – em que se inclui o assim chamado "Estado ateu", considerando que este assume uma posição caracteristicamente religiosa, mesmo que seja em um sentido negativo. Dessa forma, seguindo a laicidade, o Estado não possui doutrina oficial, tendo como consequências adicionais que os cidadãos não precisam filiar-se a igrejas ou associações para terem o status de cidadãos e inexiste o crime de heresia (ou seja, de doutrinas e/ ou interpretações discordantes e/ou contrárias à doutrina e à interpretação oficial).[20]

É impossível negar que a ideia de Estado laico traz uma série de benefícios para a população. Em primeiro lugar, desautoriza a perseguição a outras religiões que não a religião oficial, o que favorece a paz social e preserva a liberdade individual. Em pleno século XXI vemos ainda muitos estados teocráticos islâmicos e estados comunistas perseguindo os cristãos, punindo-os (inclusive com a morte no caso do ISIS) pelo simples fato de serem cristão, e isso não se pode admitir. Aliás, não se pode admitir punições dessa natureza aos praticantes de qualquer fé.

Tampouco deve-se admitir a imposição forçada da moral religiosa aos indivíduos, como, mais uma vez, é comum observar em estados islâmicos, que impõe às mulheres do uso do véu islâmico (como o Irã), ou da maligna burca feminina (como a Arábia Saudita).

Mas será que há somente aspectos negativos na fusão entre Estado e igreja? Não será possível gerir a situação de modo que o Estado favoreça de alguma forma os valores cristãos e ao mesmo tempo preserve os direitos religiosos das minorias? É possível, enfim, aliar as ideias de tolerância religiosa com a existência de prerrogativas reais sobre a fé? Sim, é possível dar certo. É exatamente isso o que acontece na Grã-Bretanha e em outras monarquias constitucionais.

A Igreja da Inglaterra, ou Igreja Anglicana, fora fundada pelo famoso rei Henrique VIII, que desejava anular seu casamento com a católica Catarina de Aragão (Princesa da Espanha) para casar-se com a Ana Bolena. Então, desde o século XVI essa comunidade religiosa renunciou à autoridade do Papa e tem como chefe supremo justamente o rei da

Inglaterra. E embora a fundação dessa congregação tenha desencadeado sangrentos conflitos naquele país, atualmente a coisa funciona muito bem. Isto é, não há nada de Estado laico na Inglaterra, mas também não há perseguição alguma à liberdade religiosa de seus cidadãos. Mas esse não é o único caso. Acontece exatamente o mesmo na Noruega, onde o rei é o chefe da Igreja da Noruega, e no Japão, onde o Imperador constitui-se na suprema autoridade da religião xintoísta. O Imperador japonês, aliás, é tido simplesmente como descendente da deusa Amaterasu pelos adeptos da referida religião milenar.

Assim, resta evidente que a laicidade do Estado pode até ser algo positivo, mas não é uma condição essencial para o respeito às liberdades fundamentais dos cidadãos. Portanto, podemos concluir que, tendo efetivamente funcionado ou não, não eram absurdas as disposições da Carta de 1824 sobre o tema. Poderia ter dado certo no Brasil, como dá certo em outras partes do mundo.

Dito isso, haveriam vantagens para o Brasil em se tornar um Estado confessional que promova os valores do cristianismo? Creio que existem razões objetivas para que o Estado brasileiro favoreça de alguma forma o cristianismo (dado que a ampla maioria da população brasileira é cristã) e as exporei a seguir: observe-se que a vida humana é regulada por uma série de sistemas de controle social, especialmente o Direito, a moral, os preceitos religiosos, e as regras de trato social. Os diferentes sistemas atuam ao mesmo tempo sobre todos os indivíduos, mas possuem características bastante diferentes. Assim, como bem ensina Recasén Siches[21], moral e Direito não se confundem. A moral se refere a um conjunto de regras de conduta, que podem vir de uma revelação divina, da pura razão humana ou da tradição, assimiladas voluntariamente pelo indivíduo e julgadas tão somente por sua própria consciência. Isto é, a moral se refere à justificação da vida humana perante seu supremo destino. O Direito, por sua vez, se refere a um conjunto de normas de conduta objetivas, normas que impõe inexoravelmente, irresistivelmente, determinada conduta externa ao indivíduo. Mas o Direito também se trata de ação humana objetivada, na medida em que todas as normas se destinam a promoção e preservação de determinados valores eleitos como fundamentais pela sociedade, tais como a segurança, a igualdade e a liberdade, por exemplo. Então o Direito é norma, mas também é valor.

Disto isso, o ponto queremos ressaltar é que a promoção da moral cristã favorece objetivamente a preservação da paz social e da ordem pretendidas pelo Direito. Ora, embora o Direito utilize o poder estatal de coerção para impor condutas aos indivíduos, sempre existem aqueles que desobedecerão à norma. Por outro lado, a grande maioria das pessoas obedece às leis não por medo da punição, mas porque entende que é o certo a se fazer. Desse modo, os indivíduos que possuem um senso de dever fundado na moral cristã (que prega o perdão, o amor ao próximo, o respeito à propriedade alheia, a honra aos pais, etc.)

tendem a respeitar muito mais as leis do que aqueles que não professam qualquer fé. Em suma, a proteção e propagação da moral cristã favorece o bem comum, inclusive o bem dos cidadãos que não comungam com essa religião. Assim, não vejo nenhum problema em ter um Estado brasileiro que promova e defenda o cristianismo. Isso funciona em outras partes do mundo e pode perfeitamente funcionar por aqui também.

TITULO 2º

Dos Cidadãos Brazileiros.

Art. 6. São Cidadãos Brazileiros

I. Os que no Brazil tiverem nascido, quer sejam ingenuos, ou libertos, ainda que o pai seja estrangeiro, uma vez que este não resida por serviço de sua Nação.

II. Os filhos de pai Brazileiro, e Os illegitimos de mãi Brazileira, nascidos em paiz estrangeiro, que vierem estabelecer domicilio no Imperio.

III. Os filhos de pai Brazileiro, que estivesse em paiz estrangeiro em sorviço do Imperio, embora elles não venham estabelecer domicilio no Brazil.

IV. Todos os nascidos em Portugal, e suas Possessões, que sendo já residentes no Brazil na época, em que se proclamou a Independencia nas Provincias, onde habitavam, adheriram á esta expressa, ou tacitamente pela continuação da sua residencia.

V. Os estrangeiros naturalisados, qualquer que seja a sua Religião. A Lei determinará as qualidades precisas, para se obter Carta de naturalisação.

Art. 7. Perde os Direitos de Cidadão Brazileiro

I. O que se nataralisar em paiz estrangeiro.

II. O que sem licença do Imperador aceitar Emprego, Pensão, ou Condecoração de qualquer Governo Estrangeiro.

III. O que for banido por Sentença.

Art. 8. Suspende-so o exercicio dos Direitos Politicos

I. Por incapacidade physica, ou moral.

II. Por Sentença condemnatoria a prisão, ou degredo, emquanto durarem os seus effeitos.

3. Comentários ao Título 2º - Dos Cidadãos Brazileiros

A Carta do Império de 1824, reconheceu como cidadãos brasileiros todos os nascidos no Brasil, fossem brancos, indígenas ou negros libertos. Isto é, independente de raça, todos passaram a ter o mesmo status jurídico. Os escravos, entretanto, somente alcançariam essa posição após a Lei Áurea.

Também seriam considerados brasileiros os "filhos de pai Brazileiro, e Os illegitimos de mãi Brazileira" de brasileiros nascidos no estrangeiro, que viessem a se estabelecer no território do Império. E reconheceu-se ainda a cidadania de filhos de pai brasileiro que estivessem no exterior a serviço da nação, ainda que não viessem a residir aqui.

Por fim, foram recebidos também como brasileiros todos aqueles nascidos em Portugal e suas possessões que residissem em solo brasileiro quando da proclamação da Independência. A única condição para o reconhecimento da nacionalidade brasileira era a adesão à Independência do Brasil, o que poderia ser feito de forma expressa ou tácita, pela simples permanência em nosso território.

No que se refere à naturalização de estrangeiros, a Constituição de 1824 dispunha que, independente da religião que viessem a professar, a lei determinaria os requisitos necessários para a obtenção da Carta de Naturalização.

Ressalte-se que foram excluídos da nacionalidade brasileira os nascidos no Brasil e filhos de pai estrangeiro que aqui estivesse a serviço de seu país.

Por último, cabe frisar que os direitos de cidadania poderiam ser perdidos caso o indivíduo se naturalizasse em país estrangeiro, caso aceitasse, sem licença do Imperador, emprego, pensão, ou condecoração de país estrangeiro, ou caso fosse banido por sentença.

TITULO 3º

Dos Poderes, e Representação Nacional.

Art. 9. A Divisão, e harmonia dos Poderes Politicos é o principio conservador dos Direitos dos Cidadãos, e o mais seguro meio de fazer effectivas as garantias, que a Constituição offerece.

Art. 10. Os Poderes Politicos reconhecidos pela Constituição do Imperio do Brazil são quatro: o Poder Legislativo, o Poder Moderador, o Poder Executivo, e o Poder Judicial.

Art. 11. Os Representantes da Nação Brazileira são o Imperador, e a Assembléa Geral.

Art. 12. Todos estes Poderes no Imperio do Brazil são delegações da Nação.

4. Comentários ao Título 3º - Dos Poderes, e Representação Nacional

A ideia de constituição traz em si mesma a premissa de divisão dos poderes do Estado, no entanto, tal ideia era relativamente nova em 1824. Portanto, a Carta do Império trouxe de forma expressa que os direitos dos cidadãos tinham na separação harmônica de poderes sua principal garantia. Em seguida, apresentou os quatro poderes fundamentais do Império, delegações da nação, quais sejam, o

Poder Legislativo, o Poder Moderador, o Poder Executivo, e o Poder Judicial. A Carta ainda afirma que o Imperador e Assembleia Geral são os "Representantes da Nação Brazileira são o Imperador".

De início, cabe ressaltar que a aplicação prática da divisão de poderes prevista na Constituição Imperial somente teve início no ano de 1826, a partir da instalação do Parlamento. Ademais o "Poder Judicial" somente teria plena força em 1828, com a criação do Supremo Tribunal de Justiça[22].

E no que se refere à adoção do Parlamentarismo, a Carta de 1824 simplesmente não o autorizava. Ora, a Assembleia Constituinte de 1823 fora dissolvida justamente para assegurar que o Poder Legislativo não tivesse preponderância sobre o Imperador. Tanto era assim, que o Estado funcionou por 2 anos sem sequer haver Parlamento. Ademais, durante os primeiros anos de funcionamento do Poder Legislativo os ministros de Dom Pedro I faziam pouco-caso desse poder, agindo como se não tivessem qualquer responsabilidade para com o mesmo. O próprio orçamento era de difícil elaboração para Câmara, por fata de colaboração ministerial.

No entanto, a Carta de 1824 também não proibia ou inviabilizava o parlamentarismo. Assim, o sistema parlamentar fora plenamente implantado durante o reinado de Dom Pedro II, não como fruto de uma mudança radical na legislação, mas de forma lenta e paulatina, através da própria prática parlamentar e dos costumes políticos, como decorrência do embate entre as forças políticas da época. E para tornar a coisa oficial, em 1847, Dom Pedro II criou o cargo de Presidente do Conselho de Ministros, por decreto, sem tocar em um único artigo da Constituição. Isso, sem dúvidas, revela a grandeza e adaptabilidade do texto da Constituição de 1824, qualidades que foram fundamentais para sua longa duração, bem como revela sua capacidade de atender às crises políticas de seu tempo[23]. Muito colaborou com isso o fato de que à época a ideia de monarquia constitucional parlamentar, uma ordem e uma monarquia verdadeiramente sustentadas por instituições democráticas, já era forte na opinião pública. A experiência europeia já mostrava regimes dessa natureza como muito bem-sucedidos, especialmente o caso da Grã-Bretanha[24].

DO PODER LEGISLATIVO

TITULO 4°

Do Poder Legistativo.

CAPITULO I.

Do: Ramos do Poder Legislativo, e suas attribuições

Art. 13. O Poder Legislativo é delegado á Assembléa Geral com a Sancção do Imperador.

Art. 14. A Assembléa Geral compõe-se de duas Camaras: Camara de Deputados, e Camara de Senadores, ou Senado.

Art. 15. E' da attribuição da Assembléa Geral

I. Tomar Juramento ao Imperador, ao Principe Imperial, ao Regente, ou Regencia.

II. Eleger a Regencia, ou o Regente, e marcar os limites da sua autoridade.

III. Reconhecer o Principe Imperial, como Successor do Throno, na primeira reunião logo depois do sem nascimento.

IV. Nomear Tutor ao Imperador menor, caso seu Pai o não tenha nomoado em Testamento.

V. Resolver as duvidas, que occorrerem sobre a successão da Corôa.

VI. Na morte do Imperador, ou vacancia do Throno, instituir exame da administração, que acabou, e reformar os abusos nella introduzidos.

VII. Escolher nova Dynastia, no caso da extincção da Imperante.

VIII. Fazer Leis, interpretal-as, suspendel-as, e rovogal-as.

IX. Velar na guarda da Constituição, e promover o bem geral do Nação.

X. Fixar annualmente as despezas publicas, e repartir a contribuição directa.

XI. Fixar annualmente, sobre a informação do Governo, as forças de mar, e terra ordinarias, e extraordinarias.

XII. Conceder, ou negar a entrada de forças estrangeiras de terra e mar dentro do Imperio, ou dos portos delle.

XIII. Autorisar ao Governo, para contrahir emprestimos.

XIV. Estabelecer meios convenientes para pagamento da divida publica.

XV. Regular a administração dos bens Nacionaes, e decretar a sua alienação.

XVI. Crear, ou supprimir Empregos publicos, e estabelecer-lhes ordenados.

XVI. Determinar o peso, valor, inscripção, typo, e denominação das moedas, assim como o padrão dos pesos e medidas.

Art. 16. Cada uma das Camaras terá o Tratamento - de Augustos, e Dignissimos Senhores Representantes da Nação.

Art. 17. Cada Legislatura durará quatro annos, e cada Sessão annual quatro mezes.

Art. 18. A Sessão Imperial de abertura será todos os annos no dia tres de Maio.

Art. 19. Tambem será Imperial a Sessão do encerramento; e tanto esta como a da abertura se fará em Assembléa Geral, reunidas ambas as Camaras.

Art. 20. Seu ceremonial, e o da participação ao Imperador será feito na fórma do Regimento interno.

Art. 21. A nomeação dos respectivos Presidentes, Vice Presidentes, e Secretarios das Camaras, verificação dos poderes dos seus Membros, Juramento, e sua policia interior, se executará na fórma dos seus Regimentos.

Art. 22. Na reunião das duas Camaras, o Presidente do Senado dirigirá o trabalho; os Deputados, e Senadores tomarão logar indistinctamente.

Art. 23. Não se poderá celebrar Sessão em cada uma das Camaras, sem que esteja reunida a metade, e mais um dos seus respectivos Membros.

Art. 24. As Sessões de cada uma das Camaras serão publicas á excepção dos casos, em que o bem do Estado exigir, que sejam secretas.

Art. 25. Os negocios se resolverão pela maioria absoluta de votos dos Membros presentes.

Art. 26. Os Membros de cada uma das Camaras são inviolaveis polas opiniões, que proferirem no exercicio das suas funcções.

Art. 27. Nenhum Senador, ou Deputado, durante a sua deputação, póde ser preso por Autoridade alguma, salvo por ordem da sua respectiva Camara, menos em flagrante delicto de pena capital.

Art. 28. Se algum Senador, ou Deputado fòr pronunciado, o Juiz, suspendendo todo o ulterior procedimento, dará conta á sua respectiva Camara, a qual decidirá, se o processo deva continuar, e o Membro ser, ou não suspenso no exercicio das suas funcções.

Art. 29. Os Senadores, e Deputados poderão ser nomeados para o Cargo de Ministro de Estado, ou Conselheiro do Estado, com a differença de que os Senadores continuam a ter assento no Senado, e o Deputado deixa vago o seu logar da Camara, e se procede a nova eleição, na qual póde ser reeleito e accumular as duas funcções.

Art. 30. Tambem accumulam as duas funcções, se já exerciam qualquer dos mencionados Cargos, quando foram eleitos.

Art. 31. Não se pode ser ao mesmo tempo Membro de ambas as Camaras.

Art. 32. O exercicio de qualquer Emprego, á excepção dos de Conselheiro de Estado, o Ministro de

Estado, cessa interinamente, emquanto durarem as funcções de Deputado, ou de Senador.

Art. 33. No intervallo das Sessões não poderá o Imperador empregar um Senador, ou Deputado fóra do Imperio; nem mesmo irão exercer seus Empregos, quando isso os impossibilite para se reunirem no tempo da convocação da Assembléa Geral ordinaria, ou extraordinaria.

Art. 34. Se por algum caso imprevisto, de que dependa a segurança publica, ou o bem do Estado, fôr indispensavel, que algum Senador, ou Deputado sáia para outra Commissão, a respectiva Camara o poderá determinar.

5. Comentários ao Título 4°

5.1 Comentários sobre o Capítulo I - Ramos do Poder Legislativo, e suas atribuições

O Poder Legislativo do Império do Brasil era exercido pela "Assembléa Geral, com a Sancção do Imperador". Esse órgão legislativo nada mais era do que a reunião da Câmara de Deputados e da Câmara de Senadores, ou seja, é aquilo que atualmente se denomina Congresso Nacional.

As principais atribuições das câmaras, reunidas na figura da Assembleia Geral, foram definidas no Art. 15 da Carta. Quais sejam: (i) tomar o juramento do Imperador, do Príncipe Imperial, do regente e da Regência; (ii) eleger o regente ou a Regência, assim como especificar os limites de sua autoridade; (iii) reconhecer o Príncipe Imperial, como sendo o legítimo sucessor do trono, logo na primeira reunião subsequente a seu nascimento; (iv) nomear tutor para o Imperador menor de idade, na falta de indicação dos pais; (v) decidir as dúvidas que surgirem sobre a sucessão da Coroa; (vi) após a morte do Imperador ou da vacância do cargo, reformar os abusos instituídos na administração anterior; (vii) escolher uma nova dinastia imperante, no caso de extinção da dinastia de Dom Pedro I; (viii) fazer leis, interpretá-las, suspendê-las, e revoga-las; (ix) defender a Constituição e promover o bem geral da nação; (x) fixar anualmente as despesas públicas, bem como repartir a contribuição direta tributária para o pagamento das mesmas; (xi) fixar anualmente, mediante informação do Governo, o efetivo das forças militares de mar, e terra, ordinárias, e extraordinárias; (xii) conceder, ou negar a entrada de forças militares estrangeiras de terra e mar dentro do Império, ou em seus portos; (xiii) autorizar a contratação de empréstimos por parte do Governo; (xiv) estabelecer meios convenientes para pagamento da dívida pública; (xv) regular a administração dos bens nacionais, e decretar a sua alienação; (xvi) criar ou suprimir empregos públicos, e estabelecer a remuneração referente aos mesmos; (xvii) determinar o peso, o valor, a inscrição, o tipo, e a denominação das moedas, assim como o padrão dos pesos e medidas.

Cada legislatura da Assembleia Geral possuía a duração de 4 anos, e cada seção anual a duração de somente 4 meses. A abertura dos trabalhos se dava, todos os anos, no dia 13 de maio, com a realização da Sessão Imperial de abertura, em que se reuniam ambas as câmaras. Da mesma forma que a abertura, o encerramento da seção contava com a presença do Imperador.

O Regimento Interno da Assembleia deveria definir o cerimonial da participação do Imperador nas seções, regular a nomeação de seus presidentes, vice-presidentes, secretários. Deveria ainda definir os procedimentos para verificação dos poderes dos seus membros, tomada de juramento dos parlamentares, assim como organização da "policia interior" do Poder Legislativo.

No que concerne à celebração das seções em cada casa legislativa, a Carta de 1824 previa o quórum mínimo de metade mais um dos membros para a realização das seções. Ou seja, somente se presentes a maioria dos parlamentares poderia haver seção. E as deliberações somente tinham validade se tomadas pela maioria absoluta dos presentes na seção. A regra era a publicidade das seções, o que só poderia ser ignorado nos casos em que "o bem do Estado exigir, que sejam secretas".

Quanto à imunidade parlamentar, a Carta de 1824 previa a inviolabilidade dos parlamentares pelas opiniões que proferissem no exercício de suas funções. Também estava vedada a prisão de qualquer parlamentar durante o período de sua deputação, exceto se houvesse autorização da casa legislativa a que o mesmo pertencesse, ou flagrante delito de pena capital. No entanto, os parlamentares poderiam ser pronunciados pelo Poder Judiciário. Nesse caso, o juiz deveria dar conhecimento de tal situação à respectiva casa legislativa, para que esta decidisse sobre a continuidade ou não do processo, e pela suspensão ou não do exercício das funções parlamentares por parte do pronunciado.

Senadores e deputados poderiam livremente ser nomeados para os cargos de ministro de Estado ou conselheiro de Estado, sendo que os primeiros mantinham seu lugar no Senado, ao passo que os deputados deixavam vago seu lugar na Câmara. Tal vaga deveria ser preenchida por nova eleição, na qual o deputado poderia se candidatar novamente, e caso vitorioso, aí sim, poderia ocupar simultaneamente os cargos de deputado e conselheiro, ou ministro. A acumulação também era possível se alguém já ocupante do cargo de Ministro ou conselheiro fosse eleito para a Câmara dos Deputados. Também não era possível a acumulação dos cargos de deputado e senador.

O exercício de qualquer emprego deveria cessar interinamente enquanto durasse o exercício das funções de deputado e senador, com exceção do exercício dos cargos de Ministro de Estado e Conselheiro de Estado. O Imperador não poderia empregar deputados e senadores fora do Império no intervalo das seções. Aliás, deputados e senadores também não deveriam exercer seus empregos quando isso os impossibilitasse de comparecer à Assembleia Geral ordinária ou extraordinária. Havia, entretanto, a previsão excepcional de deputados e senadores serem autorizados por suas casas legislativas para exercer outra comissão, nos casos em que disso dependesse a segurança público ou o bem do Estado.

CAPITULO II

Da Camara dos Deputados.

Art. 35. A Camara dos Deputados é electiva, e temporaria.

Art. 36. E' privativa da Camara dos Deputados a Iniciativa.

I. Sobre Impostos.

II. Sobre Recrutamentos.

III. Sobre a escolha da nova Dynastia, no caso da extincção da Imperante.

Art. 37. Tambem principiarão na Camara dos Deputados

I. O Exame da administração passada, e reforma dos abusos nella introduzidos.

A discussão das propostas, feitas polo Poder Executivo.

Art. 38. E' da privativa attribuição da mesma Camara decretar, que tem logar a accusação dos Ministros de Estado, e Conselheiros de Estado.

Art. 39. Os Deputados vencerão, durante as Sessões, um Subsidio, pecuniario, taxado no fim da ultima Sessão da Legislatura antecedente. Além disto se lhes arbitrará uma indemnisação para as despezas da vinda, e volta.

5.2. Comentários sobre o Capítulo II - Da Camara dos Deputados

A Câmara dos Deputados do Império era uma casa legislativa eletiva e temporária. Isto é, seus membros eram eleitos para mandatos de tempo determinado. Aos deputados cabia, no que se refere a retribuição financeira, um subsídio pago durante as sessões, sendo o valor do mesmo fixado na última sessão da legislatura antecedente. Os mesmos tinham direito, ainda, a receber indenização pelas despesas que tivesse efetuado com o deslocamento da província até a capital do Império, para participar das sessões, assim como das despesas que teriam para regressas a suas cidades.

Cabia privativamente a esta casa a iniciativas das leis referentes a (i) impostos; (ii) ao recrutamento de militares, e (iii) sobre a escolha de uma nova dinastia imperante, no caso de extinção da dinastia de Dom Pedro I (Art. 36). Também nela deveriam iniciar-se "o Exame da administração passada, e reforma dos abusos nella introduzidos", e a discussão das propostas emanadas do Poder Executivo. Por fim, era privativa da Câmara a atribuição de decretar o recebimento da acusação com os ministros e conselheiros de Estado.

CAPITULO III.

Do Senado.

Art. 40. 0 Senado é composto de Membros vitalicios, e será organizado por eleição Provincial.

Art. 41. Cada Provincia dará tantos Senadores, quantos forem metade de seus respectivos Deputados, com a differença, que, quando o numero dos Deputados da Provincia fôr impar, o numero dos seus Senadores será metade do numero immediatamente menor, de maneira que a Provincia, que houver de dar onze Deputados, dará cinco Senadores.

Art. 42. A Provincia, que tiver um só Deputado, elegerá todavia o seu Senador, não obstante a regra acima estabelecida.

Art. 43. As eleições serão feitas pela mesma maneira, que as dos Deputados, mas em listas triplices, sobre as quaes o Imperador escolherá o terço na totalidade da lista.

Art. 44. Os Logares de Senadores, que vagarem, serão preenchidos pela mesma fórma da primeira Eleição pela sua respectiva Provincia.

Art. 45. Para ser Senador requer-se

I. Que seja Cidadão Brazileiro, e que esteja no gozo dos seus Direitos Politicos.

II. Que tenha de idade quarenta annos para cima.

III. Que seja pessoa de saber, capacidade, e virtudes, com preferencia os que tivirem feito serviços á Patria.

IV. Que tenha de rendimento annual por bens, industria, commercio, ou Empregos, a somma de oitocentos mil réis.

Art. 46. Os Principes da Casa Imperial são Senadores por Direito, e terão assento no Senado, logo que chegarem á idade de vinte e cinco annos.

Art. 47. E' da attribuição exclusiva do Senado

I. Conhecer dos delictos individuaes, commettidos pelos Membros da Familia Imperial, Ministros de Estado, Conselheiros de Estado, e Senadores; e dos delictos dos Deputados, durante o periodo da Legislatura.

II. Conhecer da responsabilidade dos Secretarios, e Conselheiros de Estado.

III. Expedir Cartas de Convocação da Assembléa, caso o Imperador o não tenha feito dous mezes depois do tempo, que a Constituição determina; para o que se reunirá o Senado extraordinariamente.

IV. Convocar a Assembléa na morte do Imperodor para a Eleição da Regencia, nos casos, em que ella tem logar, quando a Regencia Provisional o não faça.

Art. 48. No Juizo dos crimes, cuja accusação não pertence á Camara dos Deputados, accusará o Procurador da Corôa, e Soberania Nacional.

Art. 49. As Sessões do Senado começam, e acabam ao mesmo tempo, que as da Camara dos Deputados.(Vide Lei de 12.10.1832)

Art. 50. A' excepção dos casos ordenados pela Constituição, toda a reunião do Senado fóra do tempo das Sessões da Camara dos Deputados é illicita, e nulla.

Art. 51.O Subsidio dos Senadores será de tanto, e mais metade, do que tiverem os Deputados.

5.3. Comentários sobre o Capítulo III – Do Senado.

O Senado do Império era uma casa legislativa cujos membros ocupavam o cargo de forma vitalícia. Os senadores também eram eleitos, entretanto, das eleições resultava uma lista tríplice, da qual o Imperador escolhia um destes para ocupar o posto no Poder Legislativo. No caso de vaga do cargo de senador, o mesmo deveria ser preenchido pelo mesmo procedimento.

Os liberais criticaram fortemente o caráter vitalício do Senado desde o início, mas a instituição permaneceu dessa forma até o golpe de 1889. Por conta dessa característica, o Senado fora a casa conservadora por excelência durante todo o período do Império. Enquanto as ideias liberais repercutiam intensamente na sociedade e na Câmara dos Deputados, o Senado procurava preservar a autoridade das instituições que remontavam a toda uma tradição jurídica portuguesa[25].

Registre-se que embora possa parecer estranho ao leitor a vitaliciedade do Senado brasileiro ao tempo do Império, a regra perdura até hoje no Senado do Canadá, onde os senadores são indicados pelo Primeiro-Ministro[26].

As seções do Senado iniciavam e terminavam juntamente às da Câmara dos Deputados, e os senadores também faziam jus a um subsídio, que deveria ser na ordem de 1,5 vezes, ou seja, 150%, daquele fixado para os deputados.

Quanto aos requisitos para ingressar no Senado, somente poderiam ser senadores aqueles que: (i) fossem brasileiros e estivessem em gozo dos direitos políticos; (ii) tivessem mais de 40 anos de idade; (iii) que tivessem "saber, capacidade, e virtudes, com preferencia os que tivirem feito serviços á Patria"; e (iv) que tivessem "rendimento annual por bens, industria, commercio, ou Empregos, a somma de oitocentos mil réis".

Os Príncipes da Casa Imperial eram todos senadores por direito, a partir dos 25 anos de idade. E por conta desse dispositivo, a princesa Isabel fora a primeira senadora do Brasil. Entretanto, ela o fora só o fora somente de direito, não de fato. É que para alguns senadores o artigo se referia somente aos Príncipes, e não às princesas, sob o argumento de que as mulheres eram inaptas à atividade política. José de Alencar, então deputado, chegou a escrever um livro contra a nomeação da princesa. Assim, ela nunca compareceu às sessões na qualidade de senadora. Por outro lado, o senador Pimenta Bueno, ilustre jurista do período, sustentava publicamente que se a Princesa Isabel poderia assumir a condição de monarca, então, poderia também assumir a de senadora[27].

No que se refere à quantidade de senadores por província, cada uma destas teria como senadores a metade da quantidade de deputados que a lei lhes atribuísse. Além disso, se a quantidade de deputados fosse numeral ímpar, a quantidade de senadores seria a metade do número anterior. Assim, se uma determinada província possuísse 10 ou 11 cadeiras na Câmara, possuiria 5 cadeiras no Senado. Entretanto, caso a província possuísse um único deputado, teria também um único senador.

As atribuições exclusivas do Senado na Carta de 1824 eram: (i) conhecer dos delitos cometidos pelos membros da Família Imperial, pelos ministros de Estado, pelos conselheiros de Estado, e pelos senadores e deputados, durante o período da legislatura; (ii) conhecer da responsabilidade dos secretários, e conselheiros de Estado; (iii) expedir as "Cartas de Convocação da Assembléa", em reunião extraordinária, se o Imperador o não o tivesse feito dois meses depois do prazo constitucionalmente determinado; (iv) convocar a Assembleia na morte do Imperador, para que fosse eleita a Regência, se não o tivesse feito a Regência Provisional (Art. 47).

CAPITULO IV.

Da Proposição, Discussão, Sancção, e Promulgação das Leis.

Art. 52. A Proposição, opposição, e approvação dos Projectos de Lei compete a cada uma das Camaras.

Art. 53. O Poder Executivo exerce por qualquer dos Ministros de Estado a proposição, que lhe compete na formação das Leis; e só depois de examinada por uma Commissão da Camara dos Deputados, aonde deve ter principio, poderá ser convertida em Projecto de Lei.

Art. 54. Os Ministros podem assistir, e discutir a Proposta, depois do relatorio da Commissão; mas não poderão votar, nem estarão presentes á votação, salvo se forem Senadores, ou Deputados.

Art. 55. Se a Camara dos Deputados adaptar o Projecto, o remetterá á dos Senadores com a seguinte formula - A Camara dos Deputados envia á Camara dos Senadores a Proposição junta do Poder Executivo (com emendas, ou sem ellas) e pensa, que ella tem logar.

Art. 56. Se não puder adoptar a proposição, participará ao Imperador por uma Deputação de sete Membros da maneira seguinte - A Camara dos Deputados testemunha ao Imperador o seu reconhecimento polo zelo, que mostra, em vigiar os interesses do Imperio: e Lhe supplica respeitosomente, Digne-Se tomar em ulterior consideração a Proposta do Governo.

Art. 57. Em geral as proposições, que a Camara dos Deputodos admittir, e approvar, serão remettidas á Camara dos Senadores com a formula seguinte - A Camara dos Deputados envia ao Senado a Proposição junta, e pensa, que tem logar, pedir-se ao Imperador a sua Sancção.

Art. 58. Se porém a Camara dos Senadores não adoptar inteiramente o Projecto da Camara dos Deputados, mas se o tiver alterado, ou addicionado, o reenviará pela maneira seguinte - O Senado envia á Camara dos Deputodos a sua Proposição (tal) com as emendas, ou addições juntas, e pensa, que com ellas tem logar pedir-se ao Imperador a Sancção Imperial.

Art. 59. Se o Senado, depois de ter deliberado, julga, que não póde admittir a Proposição, ou Projecto, dirá nos termos seguintes - O Senado torna a remetter á Camara dos Deputodos a Proposição (tal), á qual não tem podido dar o seu Consentimento.

Art. 60. O mesmo praticará a Camara dos Deputados para com a do Senado, quando neste tiver o Projecto a sua origem.

Art. 61. Se a Camara dos Deputados não approvar as emendas, ou addições do Senado, ou vice-versa, e todavia a Camara recusante julgar, que o projecto é vantojoso, poderá requerer por uma Deputação de tres Membros a reunião das duas Camaras, que se fará na Camara do Senado, e conforme o resultado da discussão se seguirá, o que fôr deliberado.

Art. 62. Se qualquer das duas Camaras, concluida a discussão, adoptar inteiramente o Projecto, que a outra Camara lhe enviou, o reduzirá a Decreto, e depois de lido em Sessão, o dirigirá ao Imperador em dous autographos, assignados pelo Presidente, e os dous primeiros Secretarios, Pedindo-lhe a sua Sancção pela formula seguinte - A Assembléa Geral dirige ao Imperador o Decreto incluso, que julga vantajoso, e util ao Imperio, e pede a Sua Magestade Imperial, Se Digne dar a Sua Sancção.

Art. 63. Esta remessa será feita por uma Deputação de sete Membros, enviada pela Camara ultimamente deliberante, a qual ao mesmo tempo informará á outra Camara, aonde o Projecto teve origem, que tem adoptado a sua Proposição, relativa a tal objecto, e que a dirigiu ao Imperador, pedindo-lhe a Sua Sancção.

Art. 64. Recusando o Imperador prestar seu consentimento, responderá nos termos seguintes. - O Imperador quer meditar sobre o Projecto de Lei, para a seu tempo se resolver - Ao que a Camara responderá, que - Louva a Sua Magestade Imperial o interesse, que toma pela Nação.

Art. 65. Esta denegação tem effeito suspensivo sómente: pelo que todas as vezes, que as duas Legislaturas, que se seguirem áquella, que tiver approvado o Projecto, tornem successivamente a apresental-o nos mesmos termos, entender-se-ha, que o Imperador tem dado a Sancção.

Art. 66. O Imperador dará, ou negará a Sancção em cada Decreto dentro do um mez, depois que lhe for apresentado.

Art. 67. Se o não fizer dentro do mencionado prazo, terá o mesmo effeito, como se expressamente negasse a Sancção, para serem contadas as Legislaturas, em que poderá ainda recusar o seu consentimento, ou reputar-se o Decreto obrigatorio, por haver já negado a Sancção nas duas antecedentes Legislaturas.

Art. 68. Se o Imperador adoptar o Projecto da Assembléa Geral, se exprimirá assim - O Imperador consente - Com o que fica sanccionado, e nos termos de ser promulgado como Lei do Imperio; e um dos dous autographos, depois de assignados pelo Imperador, será remettido para o Archivo da Camara, que o enviou, e o outro servirá para por elle se fazer a Promulgação da Lei, pela respectiva Secretaria de Estado, aonde será guardado.

Art. 69. A formula da Promulgação da Lei será concebida nos seguintes termos - Dom (N.) por Graça de Deos, e Unanime Acclamação dos Povos, Imperador Constitucional, e Defensor Perpetuo do Brazil: Fazemos saber a todos os Nossos Subditos, que a Assembléa Geral decretou, e Nós Queremos a Lei seguinte (a integra da Lei nas suas disposições sómente): Mandamos por tanto a todas as Autoridades, a quem o conhecimento, e execução do referida Lei pertencer, que a cumpram, e façam cumprir, e guardar tão inteiramente, como nella se contém. O Secretario de Estado dos Nogocios d.... (o da Repartição competente) a faça imprimir, publicar, e correr.

Art. 70. Assignada a Lei pelo Imperador, referendada pelo Secretario de Estado competente, e sellada com o Sello do Imperio, se guardará o original no Archivo Publico, e se remetterão os Exemplares della impressos a todas as Camaras do Imperio, Tribunaes, e mais Logares, aonde convenha fazer-se publica.

5.4. Comentários sobre o Capítulo IV - Da Proposição, Discussão, Sancção, e Promulgação das Leis.

Ambas as casas legislativas poderiam propor e aprovar projetos de lei. Os ministros de Estado, no exercício do Poder Executivo, por sua vez, poderiam apresentar proposições para a Assembleia Geral, que somente após seu exame por uma comissão da Câmara dos Deputados seriam convertidos em projeto de lei. Tais projetos de autoria do Poder Executivo iniciavam seu trâmite na Câmara. Ressalte-se que nesses casos os ministros poderiam participar da discussão da proposta, mas deveriam estar ausentes quando da votação, exceto se fossem deputados ou senadores.

Obviamente, a Câmara dos Deputados poderia aprovar ou rejeitar a proposta ministerial. O curioso, entretanto, é que a Constituição de 1824 previa, de forma detalhada, a forma respeitosa como as decisões em matéria de processo legislativo deveriam ser manifestadas aos outros demais agentes políticos.

Assim, a título de exemplo, o Art. 55 determinava que uma vez aprovado o projeto, este deveria seguir para o Senado com a seguinte fórmula: "A Camara dos Deputados envia á Camara dos Senadores a Proposição junta do Poder Executivo (com emendas, ou sem ellas) e pensa, que ella tem logar". Caso a decisão fosse pela rejeição do projeto, uma comissão de 7 membros da casa deveria escrever assim ao Imperador: "A Camara dos Deputados testemunha ao Imperador o seu reconhecimento polo zelo, que mostra, em vigiar os interesses do Imperio: e Lhe supplica respeitosomente, Digne-Se tomar em ulterior consideração a Proposta do Governo" (Art. 56).

As proposições admitidas pela Câmara dos Deputados deveriam ser encaminhadas ao Senado, que poderia aceitar o projeto integralmente, rejeitá-lo integralmente ou aceitá-lo com alterações. Aceito o projeto com emendas, o mesmo deveria retornar para a primeira casa legislativa. Inadmitido por inteiro o projeto, também deveria retornar para a Câmara com a menção de que o Senado "não tem podido dar o seu Consentimento". O mesmo deveria ser feito pela Câmara quando o projeto se iniciasse no Senado.

Qualquer uma das casas legislativas, após rejeitar as emendas apresentadas pela outra, poderia suscitar pela manifestação de 3 de seus membros uma reunião conjunta da Assembleia, a fim de deliberar definitivamente sobre o referido projeto.

Aprovado integralmente por qualquer das casas legislativas o projeto oriundo da outra, o mesmo seria reduzido a decreto e encaminhado ao Imperador com pedido de sanção. O Imperador poderia negar a sanção ao projeto, utilizando para tanto a expressão "o Imperador quer meditar sobre o Projecto de Lei, para a seu tempo se resolver". Entretanto, é muito importante frisar, o veto imperial possuía efeito meramente suspensivo. Caso as duas legislaturas seguintes novamente aprovassem o projeto e o apresentassem ao Imperador, entender-se-ia como dada a sanção imperial ao mesmo. Isto é, o Imperador poderia vetar determinado projeto por duas vezes seguidas, mas na terceira legislatura o mesmo seria presuntivamente sancionado. A palavra final sobre a sanção das leis, portanto, estava sempre com o Poder Legislativo.

No que se refere ao prazo para apreciação das leis aprovadas pela Assembleia Geral, o Imperador possuía um mês para dar sua sanção. Findo tal período, a negativa de sanção seria presumida e iniciava-se o prazo para sua derrubada mediante a reapresentação do projeto nas legislaturas seguintes. Se o projeto já tivesse sido vetado por duas vezes, o final do prazo valeria como sanção tácita ao mesmo.

Caso fosse aprovado pelo Imperador o projeto da Assembleia Geral, o mesmo seria promulgado pela Secretaria de Estado como Lei do Império. A partir desse momento, a lei seria publicada e encaminhada a todas as autoridades do Império para que a executassem e fizessem cumprir seus termos. O original da lei seria guardado no Arquivo Público e uma cópia seria enviada a todas as câmaras do e lugares em que fosse conveniente sua publicação

CAPITULO V.

Dos Conselhos Geraes de Provincia, e suas attribuições.

Art. 71. A Constituição reconhece, e garante o direito de intervir todo o Cidadão nos negocios da sua Provincia, e que são immediatamente relativos a seus interesses peculiares.(Vide Lei nº 16, de 1834)

Art. 72. Este direito será exercitado pelas Camara dos Districtos, e pelos Conselhos, que com o titulo de - Conselho Geral da Provincia-se devem estabelecer em cada Provincia, aonde não, estiver collocada a Capital do Imperio.(Vide Lei de 12.10.1832)

Art. 73. Cada um dos Conselhos Geraes constará de vinte e um Membros nas Provincias mais populosas, como sejam Pará, Maranhão, Ceará, Pernambuco, Bahia, Minas Geraes, S. Paulo, e Rio Grande do Sul; e nas outras de treze Membros.(Vide Lei de 12.10.1832)

Art. 74. A sua Eleição se fará na mesma occasião, e da mesma maneira, que se fizer a dos Representantes da Nação, e pelo tempo de cada Legislatura.(Vide Lei de 12.10.1832)

Art. 75. A idade de vinte e cinco annos, probidade, e decente subsistencia são as qualidades necessarias para ser Membro destes Conselhos.

Art. 76. A sua reunião se fará na Capital da Provincia; e na primeira Sessão preparatoria nomearão Presidente, Vice-Presidente, Secretario, e Supplente; que servirão por todo o tempo da Sessão:

examinarão, e verificarão a legitimidade da eleição dos seus Membros.(Vide Lei de 12.10.1832)

Art. 77. Todos os annos haverá Sessão, e durará dous mezes, podendo prorogar-se por mais um mez, se nisso convier a maioria do Conselho.(Vide Lei de 12.10.1832)

Art. 78. Para haver Sessão deverá achar-se reunida mais da metade do numero dos seus Membros.

Art. 79. Não podem ser eleitos para Membros do Conselho Geral, o Presidente da Provincia, o Secretario, e o Commandante das Armas.

Art. 80. O Presidente da Provincia assistirá á installação do Conselho Geral, que se fará no primeiro dia de Dezembro, e terá assento igual ao do Presidente do Conselho, e á sua direita; e ahi dirigirá o Presidente da Provincia sua fala ao Conselho; instruindo-o do estado dos negocios publicos, e das providencias, que a mesma Provincia mais precisa para seu melhoramento.(Vide Lei de 12.10.1832)

Art.. 81. Estes Conselhos terão por principal objecto propôr, discutir, e deliberar sobre os negocios mais interessantes das suas Provincias; formando projectos peculiares, e accommodados ás suas localidades, e urgencias.(Vide Lei nº 16, de 1834)

Art. 82. Os negocios, que começarem nas Camaras serão remettidos officialmente ao Secretario do Conselho, aonde serão discutidos a portas abertas, bem como os que tiverem origem nos mesmos Conselhos. As suas resoluções serão tomadas á pluralidade absoluta de votos dos Membros presentes.

Art. 83. Não se podem propôr, nem deliberar nestes Conselhos Projectos.(Vide Lei nº 16, de 1834)

I. Sobre interesses geraes da Nação.

II. Sobre quaesquer ajustes de umas com outras Provincias.

III. Sobre imposições, cuja iniciativa é da competencia particular da Camara dos Deputados. Art. 36.(Vide Lei de 12.10.1832)

IV. Sobre execução de Leis, devendo porém dirigir a esse respeito representações motivadas á Assembléa Geral, e ao Poder Executivo conjunctamente.

Art. 84. As Resoluções dos Conselhos Geraes de Provincia serão remettidas directamente ao Poder Executivo, pelo intermedio do Presidente da Provincia.(Vide Lei de 12.10.1832)(Vide Lei nº 16, de 1834)

Art. 85. Se a Assembléa Geral se achar a esse tempo reunida, lhe serão immediatamente enviadas pela respectiva Secretaria de Estado, para serem propostas como Projectos de Lei, e obter a approvação da Assembléa por uma unica discussão em cada Camara.(Vide Lei de 12.10.1832)(Vide Lei nº 16, de 1834)

Art. 86. Não se achando a esse tempo reunida a Assembléa, o Imperador as mandará provisoriamente executar, se julgar que ellas são dignas de prompta providencia, pela utilidade, que de sua observancia resultará ao bem geral da Provincia.(Vide Lei de 12.10.1832)(Vide Lei nº 16, de 1834)

Art. 87. Se porém não occorrerem essas circumstancias, o Imperador declarará, que - Suspende o seu juizo a respeito daquelle negocio - Ao que o Conselho responderá, que - recebeu mui respeitosamente a resposta de Sua Magestade Imperial.(Vide Lei de 12.10.1832)(Vide Lei nº 16, de 1834)

Art. 88. Logo que a Assembléa Geral se reunir, lhe serão enviadas assim essas Resoluções suspensas, como as que estiverem em execução, para serem discutidas, e deliberadas, na fórma do Art. 85.(Vide Lei de 12.10.1832)(Vide Lei nº 16, de 1834)

Art. 89. O methodo de proseguirem os Conselhos Geraes de Provincia em seus trabalhos, e sua policia interna, e externa, tudo se regulará por um Regimento, que lhes será dado pela Assembléa Geral.(Vide Lei de 12.10.1832)

5.5. Comentários sobre o Capítulo V - Dos Conselhos Geraes de Provincia, e suas attribuições.

5.5.1 Os Conselhos Gerais

A Carta de 1824 garantiu a todos os cidadãos o direito de intervir nos negócios da província referentes a seus interesses particulares, através tanto da Câmara dos Distrito como do Conselho Geral da Província.

Os Conselhos Gerais reuniam-se na capital da província, em sessões de 2 meses por ano, que poderiam ser estendidas por mais um mês, sendo que estas somente poderiam ocorrer se reunidos a maioria absoluta dos membros da casa. A forma de condução de seus trabalhos era regulada por um regimento originado na Assembleia Geral. Cada um dos Conselhos contava originalmente com 21 membros nas províncias mais populosas e 13 membros nas demais províncias. E quanto aos requisitos para ingresso no órgão, os conselheiros provinciais eram eleitos pela mesma fórmula de eleição dos deputados, e pelo mesmo tempo de legislatura de 4 anos, dentre os cidadãos com idade superior a 25 anos, e que ostentassem probidade na conduta e decente subsistência. Entretanto, não poderiam ser eleitos como conselheiro o Presidente da Província, o Secretário, e o Comandante das Armas.

A principal função dos Conselhos Gerais das Províncias era tão somente discutir e deliberar sobre os mais importantes negócios de interesse provincial, bem como sobre os negócios de interesse municipal que lhes eram encaminhados pelas câmaras. Isto é, não se tratavam de órgãos legislativos. Além disso, era expressamente vedado aos mesmos deliberar sobre assuntos de interesse geral da nação, sobre ajustes entre as províncias, sobre imposições de iniciativa da Câmara dos Deputados, e sobre a execução de leis. Nesse último caso, deveria o Conselho Geral da Província encaminhar representações à Assembleia Geral e ao Poder Executivo de forma conjunta.

As resoluções dos Conselhos Gerais, não sendo leis, eram encaminhadas diretamente ao Poder executivo, através da figura do Presidente da Província, que as remeteria imediatamente à Assembleia Geral, como projeto de lei, caso esta estivesse reunida ao tempo da chegada da resolução. Entretanto, caso não estivesse reunido o Poder Legislativo, o Imperador analisaria a proposição e ordenaria a sua execução provisória, caso entendesse que a mesma atendia o bem da província, ou, então, suspenderia o juízo da mesma no caso de ser essa a medida mais indicada. Tanto as resoluções suspensas como aquelas em execução provisória deveriam ser encaminhadas para a Assembleia Geral, para serem discutidas e deliberadas.

5.5.2 Problemas na descentralização do poder

Uma larga dose de descentralização fora realizada a partir do Ato Adicional, a Lei nº 16 de 12 de agosto de 1834. O Império virou uma federação da prática, mas não no nome. Anos depois, todavia, a opinião política dominante era que se tinha ido longe demais, levando a uma desorganização generalizada do país e à desobediência de ordens do poder central, com abusivo uso da máquina pública pelas elites locais. Então, o processo fora parcialmente revertido pela Lei nº 105, de 12 de maio de 1840, a Lei de Interpretação do Ato Adicional, que impôs limites claros ao Poder Legislativo Provincial. Outro golpe duro na descentralização foi a reformulação do Código de Processo, que concentrou nas mãos do Ministro da Justiça o controle de todo o aparato policial do país[28].

Os Conselhos Gerais foram substituídos pelas Assembleias Legislativas Provinciais, órgãos que tinham amplos poderes para legislar sobre assuntos de interesse notadamente local, tais como: (i) a divisão civil, judiciaria, e eclesiástica da respectiva província; (ii) instrução pública e instituições de ensino, exceto sobre os cursos de Medicina e Direito; (iv) desapropriação por utilidade municipal ou provincial; (v) polícia e economia municipal, mediante proposta das Câmaras; (vi) fixação das despesas municipais e provinciais, bem como sobre os impostos para necessários para cobri-las; (vii) fiscalização do emprego das rendas públicas provinciais e municipais; (viii) criação e supressão dos empregos municipais e provinciais; (ix) obras públicas; (x) socorros públicos.

As leis de caráter provincial eram sancionadas diretamente pelo Presidente da Província, que poderia ter sua negativa derrubada pelo voto de dois terços dos membros. Cabe registrar ainda que os membros das Assembleias Legislativas Provinciais eram eleitos para legislaturas de dois anos somente, e contavam com imunidade sobre suas opiniões.

CAPITULO VI.

Das Eleições.

Art. 90. As nomeações dos Deputados, e Senadores para a Assembléa Geral, e dos Membros dos Conselhos Geraes das Provincias, serão feitas por Eleições indirectas, elegendo a massa dos Cidadãos activos em Assembléas Parochiaes os Eleitores de Provincia, e estes os Representantes da Nação, e Provincia.

Art. 91. Têm voto nestas Eleições primarias

I. Os Cidadãos Brazileiros, que estão no gozo de seus direitos politicos.

II. Os Estrangeiros naturalisados.

Art. 92. São excluidos de votar nas Assembléas Parochiaes.

I. Os menores de vinte e cinco annos, nos quaes se não comprehendem os casados, e Officiaes Militares, que forem maiores de vinte e um annos, os Bachares Formados, e Clerigos de Ordens Sacras.

II. Os filhos familias, que estiverem na companhia de seus pais, salvo se servirem Officios publicos.

III. Os criados de servir, em cuja classe não entram os Guardalivros, e primeiros caixeiros das casas de commercio, os Criados da Casa Imperial, que não forem de galão branco, e os administradores das fazendas ruraes, e fabricas.

IV. Os Religiosos, e quaesquer, que vivam em Communidade claustral.

V. Os que não tiverem de renda liquida annual cem mil réis por bens de raiz, industria, commercio, ou Empregos.

Art. 93. Os que não podem votar nas Assembléas Primarias de Parochia, não podem ser Membros, nem votar na nomeação de alguma Autoridade electiva Nacional, ou local.

Art. 94. Podem ser Eleitores, e votar na eleição dos Deputados, Senadores, e Membros dos Conselhos de Provincia todos, os que podem votar na Assembléa Parochial. Exceptuam-se

I. Os que não tiverem de renda liquida annual duzentos mil réis por bens de raiz, industria, commercio, ou emprego.

II. Os Libertos.

III. Os criminosos pronunciados em queréla, ou devassa.

Art. 95. Todos os que podem ser Eleitores, abeis para serem nomeados Deputados. Exceptuam-se

I. Os que não tiverem quatrocentos mil réis de renda liquida, na fórma dos Arts. 92 e 94.

II. Os Estrangeiros naturalisados.

III. Os que não professarem a Religião do Estado.

Art. 96. Os Cidadãos Brazileiros em qualquer parte, que existam, são elegiveis em cada Districto Eleitoral para Deputados, ou Senadores, ainda quando ahi não sejam nascidos, residentes ou domiciliados.

Art. 97. Uma Lei regulamentar marcará o modo pratico das Eleições, e o numero dos Deputados relativamente á população do Imperio.

5.6 Comentários sobre o Capítulo VI – Das Eleições

5.6.1 Democracia e monarquia

Existe plena compatibilidade entre as instituições da democracia e da monarquia. Ora, a maior parte dos países mais desenvolvidos do mundo são justamente democráticas monarquias parlamentaristas. É esse o caso da Grã-Bretanha, da Holanda, da Suécia, da Dinamarca, da Noruega, da Espanha, da Bélgica e do Japão. Canadá, Austrália e Nova Zelândia também tem a rainha da Inglaterra até hoje como sua monarca. Na verdade, a experiência histórica mostra que regimes dessa natureza, possuem muito mais estabilidade que as repúblicas presidencialistas e parlamentaristas. E, voltando ao Brasil, no Período Imperial muitos liberais e a totalidade dos conservadores acreditavam na democracia como algo fundamental para preservar a unidade nacional[29].

Para demonstrar esse argumento, precisamos entender, em primeiro lugar, a definição de democracia, o que já fiz em outra obra. Confira-se:

> Em suma, a democracia é um método para a escolha dos líderes, um sistema para a tomada de decisões baseado no princípio da maioria e também na preservação dos direitos da minoria, que requer diversas instituições e regras para que seus propósitos sejam atingidos. Todavia, a democracia também possui dois grandes princípios inspiradores, dois grandes valores fundamentais, quais sejam, liberdade e igualdade. Em outros termos, a finalidade básica do método democrático é preservar a liberdade dos indivíduos e sua condição de iguais, de forma que a mera existência das instituições nada significa se estes valores não forem preservados[30].

Então, além da realização de eleições livres, justas e periódicas, a democracia requer uma série de instituições (regras), tais como a responsabilidade dos governantes por suas ações, a liberdade de imprensa e a liberdade de manifestação de pensamento, a publicidade dos atos da administração, a condição de iguais entre governantes e governados, a igualdade de poder em cado voto, a inclusão de todos os adultos no processo eleitoral, a liberdade para a formação de partidos políticos e associações, dentre outras.

Pois bem, descrito de forma bastante sucinta o que seria democracia, cumpre agora explicar o regime de Parlamentarismo Monárquico, que é a forma de operação das modernas democracias desenvolvidas acima mencionadas.

Em síntese, o Parlamentarismo funciona segundo as seguintes regras: (1) os cidadãos elegem os membros do Poder Legislativo, chamado na Europa de Parlamento e no Brasil de Congresso Nacional; (2) os parlamentares escolhem dentre seus quadros um chefe de gabinete, ou primeiro-ministro; (3) O primeiro-ministro, que é o líder do partido vitorioso nas eleições ou de uma coalizão vitoriosa de partidos, por sua vez, indica os demais membros do Gabinete ou Ministério, com quem responde solidariamente pelas atribuições do Poder Executivo (em outros termos, é o Gabinete que vai administrar o país); (4) o Gabinete forma um todo orgânico e somente permanece no poder enquanto possuir a confiança parlamentar; (5) caso o Gabinete perca a confiança do Parlamento, a Câmara Baixa (o que seria no Brasil a Câmara dos Deputados) emite um voto de desconfiança, que tem o poder de derrubá-lo por inteiro, tendo em vista a referida responsabilidade solidária; (5) nesse contexto, o rei exerce tão somente as funções de Chefe de Estado, ou seja, ele não governa, apenas representa o povo perante as demais nações e perante o próprio Governo (o rei defende o povo do Governo), servindo ainda de âncora para a nação nos momentos de crise; (6) o rei possui, ainda, a prerrogativa de dissolver o Parlamento e convocar eleições gerais, quando o Gabinete requisitar, por entender que é a Câmara Baixa que se afastou dos legítimos interesses da população (em algumas monarquias, como a da Grã-Bretanha, a dissolução do Parlamente e a convocação de novas eleições pode ser feita pelo próprio primeiro-ministro)[31].

Desse modo, no Parlamentarismo o monarca não disputa qualquer espaço político com o primeiro-ministro, ao tempo em que conserva um importante papel na manutenção da estabilidade democrática. Mas, no fim das contas, é o eleitor, é o próprio povo, quem detém o verdadeiro poder de decisão no Regime Parlamentar, pois é ele quem resolve o conflito entre o Gabinete e o Parlamento, uma vez que somente um dos dois haverá de ser vencedor no processo eleitoral, e consequentemente formará o novo Gabinete. Assim, o método garante que as crises políticas sejam superadas de maneira muito menos traumática, substituindo-se rapidamente qualquer dos poderes, Executivo ou Legislativo, que desagrade severamente a opinião do povo.

E para reforçar o que dissemos, cumpre trazer a esta obra as palavras do ilustre jurista Ives Gandra Martins Silva, a respeito da democracia nas monarquias parlamentares:

> O homem que ambiciona o poder termina por se identificar com ele e os governados só estão garantidos contra tal distorção da

natureza humana nos Estados Democráticos de Direito. Por esta razão, os sistemas parlamentares de governo que ofertam melhores instrumentos de controle são aqueles que possibilitaram melhorar o exercício da democracia. E a experiência demonstra que, se as monarquias absolutas constituíam-se em sistemas odiosos, as monarquias parlamentares são as mais tranquilas formas de governo na atualidade[32].

Ressalte-se, entretanto, que a estrutura de divisão do poder político apresentada na Carta de 1824 foi bastante diferente daquela que acabamos de descrever. No Império do Brasil, o Imperador podia nomear o Gabinete livremente, obedecendo tão somente suas convicções pessoais quanto ao que era melhor para a nação, e sua percepção quanto à opinião pública e a colaboração do Parlamento para com os que seriam nomeados. Entretanto, durante o reinado de Dom Pedro II, a forma como este exercia as nomeações para o Gabinete aproximou lentamente a prática da monarquia brasileira do Regime Parlamentar, sem a necessidade de uma única alteração na Constituição Imperial. Até que, finalmente, em 1847 o Imperador criou, por decreto, o cargo de presidente do Conselho de Ministros, colocando o "Parlamentarismo à brasileira" em termos formais. Cabe frisar, contudo, que a indicação para o novo cargo continuou a ser ato pessoal do Imperador.

5.6.2 Outras vantagens do parlamentarismo

O regime do Parlamentarismo Monárquico possui grandes vantagens em relação aos demais regimes. A principal delas reside no fato de simplesmente não haver uma disputa de poder entre o Chefe de Estado e o Chefe de Gabinete, o que favorece a tranquilidade da Nação, como demonstra a experiência histórica das monarquias do século XX e XXI.

E outras grandes virtudes que normalmente são associadas ao Parlamentarismo Monárquico (e que faziam parte da proposta de brasileira de adoção da Monarquia no Plebiscito de 1993) são, conforme elenca o já mencionado ilustre mestre Ives Gandra Martins Silvas[33], a existência de um Banco Central autônomo, de uma burocracia profissionalizada, o uso do voto distrital nas eleições, e a reformulação na representação dos entes da Federação no Congresso Nacional, dentre outras.

Conforme já esclarecemos, nas monarquias parlamentares o Gabinete tem prazo indeterminado de duração, dependendo sua continuidade da confiança do Parlamento e da vontade das urnas. Então, um Gabinete pode durar meses ou anos. É sempre imprevisível. Mas o fato é que a imprevisibilidade não é algo bom para os negócios. O capital sempre foge de economias onde os investimentos estejam em risco. Então, como fazem as monarquias parlamentares para que a incerteza no campo da política não gere uma economia instável? Elas recorrem à autonomia do Banco Central. Nesses países, os dirigentes da referida instituição são eleitos para mandatos certos, garantindo assim a estabilidade da política monetária (e consequentemente de toda a economia) nos momentos de crise política.

A profissionalização da burocracia também tem por objetivo assegurar a estabilidade da Administração em momentos de crise política. Isto é, tem por objetivo garantir que a máquina administrativa continue a operar apesar da troca de Gabinete.

Nos regimes presidencialistas, o alto escalão da Administração Pública é composto majoritariamente por indivíduos livremente nomeados e exonerados pelo presidente (em muitos casos, por motivos escusos e sem a observância de qualquer critério técnico). Nas monarquias parlamentares, por outro lado, o alto escalão da Administração é composto por servidores públicos concursados e em final da cerreira, assegurando, dessa forma, que sua experiência seja aplicada no processo de tomada de decisão. É evidente que este não se trata de um sistema perfeito, pois servidores públicos concursados não são seres angelicais, e em várias ocasiões já foram cooptados pelas máquinas partidárias de criar esquemas de corrupção. Entretanto, um sistema baseado em meritocracia e experiência certamente oferecería maiores garantias ao cidadão brasileiro.

As modernas monarquias também adotam, via de regra, o voto distrital, sistema eleitoral em que cada estado da federação (ou o país inteiro no caso dos Estados unitários) é dividido em distritos, tantos quantos forem as vagas para o Parlamento. Assim, por exemplo, se o Estado do Piauí possui 10 vagas para Deputado Federal, teria dez distritos eleitorais, com uma base populacional semelhante. Em cada um dos distritos, os candidatos ao Parlamento disputam uma vaga em sistema majoritário, ou seja, somente um deles é eleito para ocupar o cargo.

Uma primeira vantagem desse sistema é que ele barateia as campanhas, tendo em vista que cada candidato só pode conseguir votos no distrito em que reside. Em muitos países que o adotam, as campanhas eleitorais são feitas na base da sola de sapato, ou seja, com o candidato pedindo votos de casa em casa. Uma segunda vantagem do sistema distrital é que o eleitor sabe exatamente onde encontrar o parlamentar, a fim de lhe cobrar providências quantos aos problemas da nação. O parlamentar tem que residir em sua vizinhança. Ressalte-se, novamente, que não se trata de um sistema perfeito, mas de um que oferece maiores garantias ao cidadão.

Por fim, o Dr. Ives Gandra Martins Silvas[34] ressalta que nas modernas monarquias os cidadãos das diferentes partes dos países são representados no Parlamento de forma equivalente, ou seja, com o voto de cada um tendo exatamente o mesmo peso. Não é o que ocorre no Brasil. Nosso sistema de divisão das cadeiras na Câmara dos Deputados por estado da federação cria uma situação em que os eleitores das regiões Norte, Nordeste e Centro-Oeste, que representam 1/3 do eleitorado do país, controlam 2/3 do Congresso Nacional, enquanto os eleitores das regiões Sul e Sudeste controlam apenas 1/3 do Poder Legislativo, mesmo sendo 2/3 do total de eleitores. De fato, é uma situação inaceitável, que cria eleitores de categorias diferentes. É mais que justa a reclamação do jurista paulista.

5.6.3 A mera existência de democracia não é tudo

Durante o século XX, a ideia da democracia fora lançada ao mais elevado status na mídia, na opinião pública e na concepção dos acadêmicos. Não são poucos, na verdade, os que acreditam que somente podem dar bons frutos e possuem legitimidade os governos democráticos. Mas será isso realmente verdade?

Alguns anos atrás escrevi uma obra intitulada "Tributação, Democracia e desenvolvimento: o tributo como garantidor da igualdade e da liberdade"[35], em que discorri sobre as formas como a tributação pode favorecer o processo de desenvolvimento e ao mesmo tempo fortalecer a democracia. Afirmei nessa obra, com base na teoria de Acemoglu e Robinson[36], que as democracias fortes (aquelas que possuem as instituições fundamentais necessárias e asseguram mais fortemente os princípios da igualdade e da liberdade) são um requisito indispensável para o desenvolvimento econômico e social de uma nação, e continuo convicto do valor da democracia para os povos da humanidade. Entretanto, percebo agora que a ideia possui alguns graves problemas (cuja explicação demandaria uma extensa pesquisa, o que foge aos propósitos do presente trabalho, sendo indicado ao leitor que deseja se aprofundar sobre o tema ouvir os áudios completos do curso de Teoria do Estado do ilustre professor Olavo de Carvalho[37]), e que pode haver desenvolvimento social e econômico sem que haja um perfeito encaixe entre o sistema político real e a instituição da democracia, desde que existam mecanismos de sensibilização do poder perante a opinião do povo.

A história recente da humanidade possui alguns excelentes exemplos de países que avançaram rumo ao Primeiro Mundo mesmo tendo sido governados por regimes autoritários durante muitos anos, como é o caso da Coreia do Sul, do Chile e de Singapura. Ou seja, nesses países a falta de democracia plena não obstou o desenvolvimento. E, não custa lembrar que, embora a década de 1980 tenha sido um desastre econômico, em nosso próprio país o Remime Militar conseguiu entregar à população crescimento econômico, educação de qualidade, grandes obras de infraestrutura, segurança e outros erviços públicos de qualidade durante muitos anos. Se não foi um regime de todo bom, também não foi de todo ruim. Por outro lado, algumas democracias de péssima qualidade (que chamei de democracias fracas em minha obra anterior suprarreferida) estão entre os regimes mais opressivos do mundo. Aliás, as ditaduras mais sangrentas adoram adicionar no nome do país o título de república popular.

E com tudo isso pretendo dizer que não podem prosperar as críticas de que um regime monárquico à moda da Carta de 1824 não seria democrático o suficiente. Ressuscitados os ditames de nossa primeira Constituição, teríamos um governo legítimo, limitado, responsável perante o povo e alinhado tanto com nossa história como com o espírito de nosso povo.

Por derradeiro, para corroborar essas afirmações, cumpre trazer as palavras de Russel Kirk[38] sobre o caráter relativo dos benefícios da democracia:

> Chegando a minha vez, no entanto, neguei hereticamente o dogma do democratismo ideológico, em Oklahoma, afirmando, ao contrário, que não há uma única forma de governo para a felicidade de todo o gênero humano. A forma de governo mais adequada depende necessariamente da experiência histórica, dos costumes, das crenças, do estado da cultura, da tradição legislativa e das circunstâncias materiais de um povo, e todas essas coisas variam de país para país e de época para época. **A monarquia pode defender o mais alto grau possível de justiça e liberdade para um povo** – como, apesar das falhas, fez a monarquia abissínea na Etiópia,até a revolução marxista. A aristocracia, sob certas circunstâncias, pode ser considerada muito proveitosa para o bem-estar geral. Aforma suíça de democracia pode funcionar muito bem para a Suíça do século XX; entretanto, não resulta disso que o padrão suíço, por exemplo, abruptamente imposto, digamos, ao Brasil iria funcionar (grifo nosso).

5.6.4 O sistema eleitoral do Império

A base da sociedade do Brasil Império era organizada de forma que desfavorecia a democracia. No século XIX, nosso país possuía condições bastante distintas da industrializada e urbanizada Inglaterra. Na verdade, tínhamos uma sociedade semelhante à medieval, pois o grosso da população morava no campo e estava sujeita a uma autoridade semifeudal dos proprietários rurais e grandes clãs rurais.

E cabe acrescentar que fortes traços desse sistema de servidão subsistem até hoje, não mais ligados à terra, mas ao apadrinhamento político e à troca de votos por cargos públicos e favores. Em muitos estados da federação (como é o caso dos estados da região Nordeste, que conheço com mais propriedade) a sociedade é inteiramente organizada através dessa moderna forma de vassalagem.

Mas voltado ao Período Imperial, de acordo com João Camilo de Oliveira Torres[39], a história eleitoral do Império se divide em três fases. A primeira destas, que durou até 1847, fora marcada pela ausência de qualquer forma de partido político. Os parlamentares formavam blocos livremente ou votavam cada um de acordo com seus interesses pessoais e ideias políticas. A segunda fase fora marcada pela política parlamentar, nela surgiram os partidos políticos, e os parlamentares passaram a votar em bloco. Nesse período iniciou-se a prática das "derrubadas" das autoridades policiais, que objetivavam o completo controle do sistema de alistamento eleitoral, para assim poder manipular o resultado das eleições. Trataremos mais adiante dessas generalizadas fraudes eleitorais. A terceira fase se deu após a Lei Saraiva, e marcou-se pelo alistamento permanente feito por magistrados, pela introdução do Título Eleitoral, pelo voto direto e distrital em único deputado. As eleições passaram, então, a ter um bom nível de legitimidade. Isto é, as fraudes foram muito reduzidas.

De acordo com o que previa inicialmente a Carta de 1824, os cargos de deputado e senador da Assembleia Geral, bem como os cargos de conselheiro do Conselho Geral da Província, deveriam ser preenchidos através de eleições indiretas. Os cidadãos com direito de voto elegiam os "Eleitores de Provincia", que por sua vez elegiam os representantes da nação e da província.

Segundo as regras legais, poderiam participar como eleitores na "Assembléas Parochiaes" todos os brasileiros no gozo de seus direitos políticos e os estrangeiros naturalizados. Entretanto, estavam excluídos do direito de voto: (i) os menores de 25 anos; (ii) os "filhos famílias" que estivessem na companhia de seus pais; (iii) os criados de servir; (iv) os religiosos, e todos os demais que vivessem em comunidades de claustro; (v) Os que não tivessem "renda liquida annual cem mil réis por bens de raiz, industria, commercio, ou Empregos".

Os menores de 25 anos poderiam votar desde que fossem casados, ou fossem oficiais militares e maiores de 21 anos, ou ainda se fossem clérigos de ordens sacras. Dentre da classe dos "filhos famílias" poderiam votar aqueles que servissem aos ofícios públicos. E dentre os "criados de servir" poderiam votar os "os Guardalivros, e primeiros caixeiros das casas de commercio, os Criados da Casa Imperial, que não forem de galão branco, e os administradores das fazendas ruraes, e fabricas". Aqueles excluídos de votar na Assembleia Primária da Paróquia também não poderiam ser eleitos para qualquer cargo eletivo, nem funcionar como eleitores de província.

Além do referido sistema de eleição indireta, a Constituição de 1824 adotou também o sistema eleitoral censitário. Ou seja, para os cargos de deputado e senador somente poderia votar e ser votado quem atingisse determinada renda. Sem dúvidas, trata-se de uma característica que restringia bastante a quantidade de brasileiros que poderiam votar, e consequentemente reduzia a força ou a qualidade da democracia brasileira. Estima-se que pouco mais de 1% da população votava.

Ressalte-se, entretanto, que tal número de eleitores parece escandaloso para alguém de nosso tempo, mas seguia a regra do mundo ocidental.

Portugal, Espanha, Bélgica, Suécia, Dinamarca, Itália, França, Alemanha, e Inglaterra utilizavam também o voto censitário, nos mesmos moldes do sistema brasileiro, sendo que em muitos desses países a regra durou até a segunda década do século XX. Ou seja, a quantidade de eleitores do Império do Brasil era mais que compatível com os padrões de sua época[40].

Assim, poderiam votar nas eleições para deputado, senador e membro do Conselho Geral da Província todos aqueles que podiam votar na Assembleia Paroquial, com as seguintes exceções: (i) os que não tivessem "renda liquida annual duzentos mil réis por bens de raiz, industria, commercio, ou emprego"; (ii) os libertos; (iii) "os criminosos pronunciados em queréla, ou devassa".

Todos aqueles qualificados como eleitores poderiam ser eleitos deputados, com as seguintes exceções: (i) "os que não tiverem quatrocentos mil réis de renda liquida, na fórma dos Arts. 92 e 94"; (ii) os estrangeiros naturalizados; (iii) aqueles que não professassem a religião do Estado. Os senadores, cabe lembrar, eram eleitos para a formação de uma lista tríplice, da qual o Imperador escolhia aquele que ocuparia a cadeira no Senado.

Os diretos políticos poderiam ser suspensos somente por incapacidade física ou moral, ou por sentença condenatória a prisão ou degredo, enquanto durassem seus efeitos. Os cidadãos brasileiros poderiam se candidatar por qualquer Distrito Eleitoral, independente de residirem ou não no mesmo. O procedimento das eleições deveria ser regulamentado por Lei, assim como a fixação do número de deputados do Império.

5.6.5 Fraudes eleitorais generalizadas

O grande problema das eleições praticadas no Brasil Império não era a qualidade de suas leis, mas uma prática política criminosa. Havia a generalizada prática de fraude eleitoral, realizada tanto pelo Partido Conservador como pelo Partido Liberal.

O processo, descrito por Nabuco de Araújo no famoso sorites, era o seguinte: (1) o Imperador nomeava o Ministério, baseando-se sinceramente no que acredita ser a opinião pública dominante, encerrando aqui sua participação; (2) o Gabinete, por sua vez, organizava as eleições, nas quais intervia fortemente para assegurar que o resultado lhe garantisse a maioria na Assembleia Geral; (3) para assegura o êxito, utilizava-se o poder dos presidentes das províncias e das autoridades policiais nos rincões do Império (dessa forma, eleição de todos os cargos se dava de forma deturpada); (4) os candidatos não se preocupavam em agradar aos eleitores, mas em aprazer o Poder Executivo, tanto nas figuras dos ministros como na figura do presidente da Província.

Dessa feita, o Poder Executivo era, em verdade, a fonte de toda a força eleitoral no Império do Brasil. Todavia, a introdução do Título de Eleitor e do alistamento permanente pela Lei Saraiva, o Decreto nº 3.029, de 9 de janeiro de 1881, praticamente eliminou o poder dos presidentes da província e delegados locais de "fazer" o eleitorado e consequentemente as eleições, levando as eleições do Império a patamares civilizados[41] [42].

Mas se bem observarmos, grande parte dos problemas que o Brasil enfrenta atualmente decorrem ainda da subversão da democracia via práticas eleitorais criminosas. Embora eleição após eleição o TSE ateste a lisura geral dos pleitos, todos os brasileiros sabem que os políticos (vereadores, preitos, governadores, deputados, senadores, presidentes) empregam na compra de votos e apoios milhões de reais que recebem de propina das empresas. Isso tudo está mais que comprovado por diversos processos judiciais da Operação Lava Jato. Como parte do processo, os políticos entopem o Estado de funcionários contratados sem concurso público, como o objetivo único de assegurar mais apoios políticos em suas futuras eleições. Então, passados mais de século do Golpe da Proclamação da República, continuamos a ter uma prática podre desde a raiz.

5.6.6 Políticos e partidos no Império

A Constituição de 1824 não traz uma linha sequer sobre organização partidária. Assim sendo, terminou por surgir um sistema de livre organização dos partidos políticos. Inicialmente, os partidos sequer eram instituições, vez que não possuíam estatutos para reger sua organização e nem reconhecimento jurídico. Eram, na verdade, simples coalizões de políticos com interesses ou convicções comuns[43].

Entretanto, antes de nos aprofundar sobre os partidos, cumpre falar dos políticos do Império. Durante o Período Imperial, o Brasil contava com uma elite política no bom sentido do termo, uma vez que homens verdadeiramente preparados para a vida pública, estavam em ambos os lados da disputa de poder. E valores nobres como o constitucionalismo, o respeito pela lei e pela ordem, a defesa da propriedade privada, e o sentimento de dever para com a pátria era comuns tanto a liberais como a conservadores[44].

No princípio, tal elite política era verdadeira continuação do corpo burocrático português, uma classe com formação jurídica promovida pelo Estado, na Universidade de Coimbra, o que lhes conferia certa homogeneidade ideológica. Mas após a independência, os políticos brasileiros continuaram sendo forjados do mesmo modo, porém, agora em São Paulo e Olinda. Após a conclusão do Bacharelado em Direito, os futuros políticos passavam pela magistratura e por uma série de cargos públicos. Assim, os magistrados possuíam, tanto em Portugal como no Brasil, uma função preponderante na justificação do poder real e no desenvolvimento do aparato legal do Estado.

Nesse contexto, os brasileiros mais cultos se voltavam todos para a funcionalismo público, dada a falta de oportunidades na economia privada. Ou seja, já naquela época o sonho dourado dos brasileiros era tirar seu sustento do serviço para o Estado.

Ressalte-se, contudo, que tal arranjo deixava os latifundiários exportadores, a base da economia nacional, com representação política bastante inferior a seu poder econômico. Logo, a formação de alianças entre a elite política e essa classe econômica era fundamental para a manutenção do sistema político. E foi assim que, lamentavelmente, a escravidão conseguiu manter-se por tanto tempo em nosso país[45].

Retornando aos partidos políticos do Período Imperial, tanto o Partido Liberal como o Partido Conservador foram criados no Período Regencial. Isto é, durante o reinado de Dom Pedro I não haviam partidos políticos, e os parlamentares votavam livremente, de acordo com seus interesses, ou formavam pequenos blocos de ação conjunta.

Os partidos tinham discursos bastante diferentes, mas a prática, o que realmente faziam, não diferia tanto assim. Os liberais utilizavam uma poderosa oratória para denunciar toda sorte de erros cometidos pelos conservadores, mas quando no poder faziam exatamente da mesma forma. Nada muito diferente dos dias de hoje.

O Partido Liberal era adepto de uma ideologia revolucionária, que tinha a República como regime ideal, isto é, entendia que a Monarquia era um acidente útil da história, que deveria ser tolerado enquanto fosse necessário. Assim, lutavam constantemente pela supremacia do Poder Legislativo sobre a autoridade do Imperador, numa clara intenção de copiar as instituições britânicas. Acreditavam também no Federalismo e defendiam, inclusive, o direito de resistência armada e revolução da população face qualquer abuso por parte das autoridades. Sua retórica era estridente contra o autoritarismo, mas eram autoritários quando no poder. Pregavam sempre as reformas e falavam com amor e bravura pela ideia de liberdade, mas eram os representantes políticos dos grandes proprietários de terras e escravos. No aspecto econômico, defendiam o livre mercado e, de forma absolutamente contraditória, o escravismo[46] [47].

Dentre os grandes políticos liberais, alguns merecem destaque. Joaquim Nabuco se opunha ao liberalismo radical, levantando bandeiras cristãs de cunho social, baseadas na ideia de solidariedade. Posteriormente se tornou ferrenho defensor da

Monarquia e passou a ser considerado um conservador. O Visconde de Ouro-Preto, Afonso Pena e Saraiva eram liberais moderados, de posições mais próximas às dos conservadores. E Rui Barbosa era o líder da ala jovem do partido, alinhado a um liberalismo intransigente, centrada na defesa do individualismo[48].

O Partido Conservador, por sua vez, surgido da reação a essa ideologia liberal, era o grande defensor da autoridade do Imperador, da força do Poder Moderador, tendo sido criado no intuito de apoiar as políticas de Dom Pedro I. No tocante à autonomia das províncias, acreditavam os conservadores que a centralização era indispensável para a manutenção da integridade do Império. No que se refere às grandes reformas, eram eles que as tornavam efetivas, pois os repugnava as revoluções. Isto é, os conservadores entendiam preferível a reforma prudente, moderada, como forma de preservar o que de melhor havia nas bases da sociedade. Em vez de revisões completas no sistema, lhes pareciam melhores os regimes mistos e as soluções pensadas para cada caso concreto. Em suma, os conservadores respeitavam as tradições, por acreditarem que a mudança social justa não pode quebrar a continuidade entre o passado, o presente e o futuro. A história deveria ser respeitada.

No que se refere à sociedade, os conservadores reconheciam a existência de uma legítima hierarquia entre os estratos sociais, cada um possuindo seu papel, mas sustentavam fervorosamente o fim da escravidão. No campo da economia, defendiam que o Estado deveria ser forte, intervencionista, e ao mesmo tempo, compreendiam a estreita ligação entre a defesa da propriedade privada e a manutenção da liberdade. A ordem e a paz social deveriam prevalecer sobre considerações de natureza econômica. Tais posições advêm de um forte senso de realismo e objetividade, derivado de suas estreitas ligações com as bases rurais da vida nacional[49] [50].

O Partido Conservador teve nomes de grande destaque na política do Império. Bernardo Pereira de

Vasconcelos, seu líder, que era ideologicamente liberal no reinado de Dom Pedro I, fora o criador do texto do Ato Adicional, do Código Criminal e da Lei do Supremo Tribunal. O Marquês de Paraná, chamado Honório Hermeto Carneiro Leão, fora líder da ala moderada, e cumpriu as mais importantes missões diplomáticas. Eusébio de Queirós Coutinho Matos da Câmara, por sua vez, articulou a lei que pôs fim ao tráfico de escravos, e também àquela que adotou o telégrafo. O Visconde de Uruguai, que se chamava Paulino José Soares de Sousa, escreveu as duas maiores obras jurídicas de sua época, quais sejam, "Ensaio sôbre o Direito administrativo" e "Estudos práticos sôbre a administração das províncias". O marquês de São Vicente, chamado José Antônio Pimenta Bueno, fora outro grande jurista, autor de "Direito Público". Luís Alves de Lima e Silva, o famoso Duque de Caxias, fora o maior General do Império. José Maria da Silva Paranhos, o visconde do Rio Branco, destacou-se como o maior diplomata do Brasil, e tembém como líder de Gabinete. José

Joaquim Rodrigues Tôrres, o Visconde de Itaboraí, fora o responsável pela manutenção da estabilidade cambial de nossa moeda. E, por fim, João Alfredo Correia de Oliveira, articulou a Lei Áurea, que pôs fim à escravidão[51].

TITIULO 5°

Do Imperador.

CAPITULO I.

Do Poder Moderador.

Art. 98. O Poder Moderador é a chave de toda a organisação Politica, e é delegado privativamente ao Imperador, como Chefe Supremo da Nação, e seu Primeiro Representante, para que incessantemente vele sobre a manutenção da Independencia, equilibrio, e harmonia dos mais Poderes Politicos.

Art. 99. A Pessoa do Imperador é inviolavel, e Sagrada: Elle não está sujeito a responsabilidade alguma.

Art. 100. Os seus Titulos são "Imperador Constitucional, e Defensor Perpetuo do Brazil" e tem o Tratamento de Magestade Imperial.

Art. 101. O Imperador exerce o Poder Moderador

I. Nomeando os Senadores, na fórma do Art. 43.

II. Convocando a Assembléa Geral extraordinariamente nos intervallos das Sessões, quando assim o pede o bem do Imperio.

III. Sanccionando os Decretos, e Resoluções da Assembléa Geral, para que tenham força de Lei: Art. 62.

IV. Approvando, e suspendendo interinamente as Resoluções dos Conselhos Provinciaes: Arts. 86, e 87.(Vide Lei de 12.10.1832)

V. Prorogando, ou adiando a Assembléa Geral, e dissolvendo a Camara dos Deputados, nos casos, em que o exigir a salvação do Estado; convocando immediatamente outra, que a substitua.

VI. Nomeando, e demittindo livremente os Ministros de Estado.

VII. Suspendendo os Magistrados nos casos do Art. 154.

VIII. Perdoando, e moderando as penas impostas e os Réos condemnados por Sentença.

IX. Concedendo Amnistia em caso urgente, e que assim aconselhem a humanidade, e bem do Estado.

6. Comentários ao Título 5º – Do Imperador

6.1. Comentários sobre o Capitulo I – Do Poder Moderador

6.1.1 Das atribuições do Poder Moderador

De acordo com o Art. 98 da Carta de 1824, o Poder Moderador era considerado a "chave de toda a organisação Politica" do Império do Brasil, vez que encarregado de velar pela independência, equilíbrio e harmonia dos demais poderes. Tal poder deveria ser exercido de forma privativa pelo Imperador, o "Chefe Supremo da Nação", que possuía a status de inviolável e sagrado, não sendo sujeito a responsabilidade alguma.

Quanto ao poder-dever de intervenção do Imperador nos demais poderes, o Art. 101 da Carta Política de 1824 elenca as seguintes atribuições do Poder Moderador: (i) a nomeação dos senadores, nos termos do Art. 43; (ii) a convocação da Assembleia Geral extraordinária, no intervalo das seções regulares; (iii) a sanção dos decretos e resoluções da Assembleia Geral, para que os mesmos venham a ter força de lei; (iv) a aprovação e suspensão das resoluções dos Conselhos das Províncias; (v) a dissolução da Câmara dos Deputados com imediata convocação de outra, assim como a prorrogação ou adiamento da Assembleia Geral, nos casos em que "exigir a salvação do Estado"; (vi) a livre nomeação e demissão dos ministros de Estado; (vii) a suspensão dos magistrados, nos casos do Art. 154; (viii) o perdão e a moderação das penas impostas aos condenados pelo Poder Judiciário; (ix) a concessão de anistia, nos casos em que "assim aconselhem a humanidade, e bem do Estado".

6.1.2 Da natureza do Poder Moderador

Pode-se observar que o modelo de divisão de poderes instituído pela Constituição de 1824 guarda bastante diferença do clássico modelo britânico de Monarquia Parlamentar. Na Grã-Bretanha, a preponderância do Parlamento sobre o rei é clara, ao passo que no modelo brasileiro o Poder Moderador conferia ao Imperador uma intensa autoridade sobre os demais poderes. Tamanho poder era, sem dúvidas, um resquício do absolutismo português. Mas na verdade a teoria política o previu como um escudo para a sociedade, uma proteção contra os abusos praticados pelos outros três poderes políticos. O Imperador deveria exercer sua função de juiz sobre os demais detentores do poder, quando o Estado se encontrasse em situação de verdadeira ameaça de destruição[52]. Isto é, a guarda constitucional, caracterizada pela interferência nos demais poderes, deveria ser realizada somente em situações de grave exceção, de grande perigo para a nação[53].

No entanto, a concentração de poderes nas mãos de uma só pessoa gerou severas críticas por parte dos liberais, que consideravam o quarto poder uma verdadeira monstruosidade. E após a abdicação de Dom Pedro I, durante o Período Regencial, em meio às lutas políticas sobre o Ato adicional, fora inclusive aprovado na Câmara dos Deputados um projeto que iniciava o processo de reforma constitucional para a extinção de tal poder, junto com a adoção do Estado federativo. A iniciativa só não prosperou por causa do Senado, que historicamente sempre possuiu perfil conservador[54].

Registre-se, todavia que a opinião liberal é referendada por muitos juristas modernos. Octaciano Nogueira[55], cuja obra muito ajudou o presente trabalho, recorda que "com as amplas atribuições do Poder Moderador, como no modelo brasileiro, o Parlamentarismo deixa de ser possível, torna-se impraticável". Isso porque era o Imperador quem escolhia o Ministério, e não a maioria da Câmara dos Deputados. Paulo Bonavides[56], por sua vez, destaca que o Poder Moderador fora responsável pela criação de uma verdadeira "ditadura constitucional", realizada no reinado de Dom Pedro I, uma contradição resultante de um "monstro constitucional" gerado pela atribuição a uma única pessoa de um poder verdadeiramente absoluto. E Leonam Baesso da Silva Liziero[57] também sustenta que o Poder Moderador era, "um modo institucionalizado do Imperador exercer controle sobre os outros poderes como uma fagulha do absolutismo setecentista, solapando o equilíbrio necessário dos poderes para a realização de um Estado de Direito".

Por outro lado, os conservadores tinham o Poder Moderador na mais lata estima, entendiam que o mesmo servia para tratar das elevadas razões nacionais enquanto os outros poderes cuidavam dos interesses locais e das paixões da hora. Não podendo governar por si mesmo, restava ao monarca a capacidade de atuar com juiz imparcial nas questões partidárias, pondo fim às crises que ameaçavam a Nação[58]. E dentre os juristas modernos, quem se posiciona a favor do Poder Moderador é Rosah Russomano[59]. Confira-se suas palavras:

> Consoante assevera Rodrigues de Sousa, o legislador brasileiro atuou, no caso, como um anatomista. Cientificamente, portanto.
>
> Se este não pode aumentar o corpo humano, adonando-lhe um órgão, um membro, uma vaso, um tecido – mas apenas reconhecendo o que existe, perquirindo e revelando as funções com que cada um concorre para o fenômeno da vida -, também não poderia o legislador efetuar dilatações incompatíveis com a estrutura real do Estado.
>
> Nada mais se fez, pois, dentro do Brasil, do que descobrir, na monarquia constitucional então vigente, a existência e as funções do Poder Moderador, retirando-se o mesmo, sutilmente, da trama em que, noutras leis básicas, se achava envolto, confundido com o Poder Executivo.

6.1.3 O Poder Moderador deu certo no Brasil

E apesar de todas as críticas, antigas e novas, o que deveria dar errado deu certo. O Parlamentarismo floresceu no Brasil de forma lenta e progressiva, e sem a necessidade de aprovação sequer de uma lei. O sistema fora implementado pela prática de repetidos atos de tolerância e delegação de poderes por parte do Imperador Dom Pedro II. Isto é, a conduta pessoal zelosa e moderada do Imperador Pedro II fora responsável pela evolução do sistema político para um governo verdadeiramente representativo[60].

Sem sombra de dúvidas, a concentração excessiva de poderes nas mãos de um homem é algo bastante perigoso. Ao logo da história diversos monarcas comportaram-se de forma completamente tirânica perante seu povo, tornando seus reinados verdadeiras ditaduras. Dom Pedro I, que fora educado para ser rei absolutista e tinha o temperamento de um General, não foi o primeiro monarca a se comportar de forma autoritária. No entanto, tal estado de coisas não foi a regra durante a maior parte da Idade Média, e outra grande quantidade de reis administrou com moderação os amplos poderes que possuía, assim como fez Dom Pedro II. Nesse sentido, o sistema de Poder Moderador da Constituição de 1824 guarda o melhor equilíbrio possível entre o autoritarismo característico da monarquia, e a divisão de forças políticas típica da democracia.

Observe-se que desde a implantação da república o Brasil sangra com crises e mais crises políticas, golpes de estado e períodos de ditadura, e nos primeiros anos do século XXI a situação política tem se agravado bastante. A degradação moral da sociedade atingiu níveis alarmantes, a violência fulmina dezenas de milhares de vidas todos os anos, a corrupção atingiu cifras bilionárias sob o comando dos presidentes de esquerda Lula (preso no ano de 2018, após unânime condenação em segunda instância) e Dilma (retirada do cargo por impeachment no ano de 2016). O povo brasileiro não confia minimamente nos três poderes da república.

Assim, de nada adiantaria ao Brasil ter um Imperador sem voz ativa, sem efetivos meios de ação. As imensas potencialidades do Poder Moderador são justamente as armas que nossa nação mais precisa para restaurar a decência na política, e assim iniciar um combate sistemático aos outros males acima relatados. São armas poderosas, que devem ser utilizadas somente em caso de emergência, para "a salvação do Estado".

Mas existe o risco de um futuro Imperador abusar do Poder Moderador, caso a Monarquia venha um dia a ser restaurada? Claro que sim. No entanto, o Brasil deve se preocupar com os incontáveis problemas concretos que já temos, em vez de temer meras possibilidades teóricas. Dom Pedro I abusou de seus poderes constitucionais, e como resultado perdeu todo seu apoio político ao ponto de ter de abdicar da Coroa. Já Dom Pedro II exagerou na moderação, e como resultado seu poder político foi se degradando lentamente até sua deposição pelo Golpe de 1889. O Poder Moderador requer, portanto, precisão cirúrgica em sua utilização, sob pena de mudança de monarca ou, o que é pior, de fracasso do regime.

E o que nos motiva, sobretudo, a acreditar no sucesso de uma restauração da Monarquia do Brasil é a história da família Orleans e Bragança, os legítimos herdeiros do trono brasileiro. Desde o Golpe da Proclamação da República, os descendentes de nossos Imperadores têm mantido uma postura de dignidade, defesa dos valores cristãos e dedicado amor ao Brasil. Assim é o comportamento daquele que por direito seria nosso Imperador, caso mantida a linha sucessória das regras da Carta de 1824, Dom Luiz de Orleans e Bragança (químico formado na Universidade de Munique), e também o de seu irmão e herdeiro, que seria nosso Príncipe Imperial, Dom Bertrand de Orleans e Bragança (advogado formado na Faculdade de Direito do Largo do São Francisco).

6.1.4 Não existe solução milagrosa

Não existe sistema político perfeito. O professor Olavo de Carvalho[61], seguindo as lições de Miguel Reale, nos esclarece que o direto nada mais é do que um sistema estruturado de garantias legais, em que os indivíduos podem recorrer a uma autoridade estatal para que esta assegure o cumprimento dos diretos que lhes são conferidos pelo ordenamento. Acontece que, em decorrência da própria natureza do sistema jurídico, há um ponto em que não há mais autoridades a quem recorrer, e isso ocorre quando o conflito chega as camadas superiores do poder. É o que se passa, por exemplo, quando há uma crise de autoridade entre o presidente da República e o comandante das Forças Armadas. Em verdade, como decorrência de sua própria natureza as forças militares nunca estão completamente sujeitas ao ordenamento jurídico, vez que não há força organizada com meios de ação capazes de lhes coagir a cumprir as regras do jogo. É precisamente por esse motivo que ocorrem tantos golpes militares. Assim, em todo e qualquer sistema político é necessário que haja alguma força pairando acima das leis, um poder extrajurídico, movendo o sistema para que este continue em funcionamento.

Ora, havendo essa limitação intrínseca a qualquer sistema legal, a vantagem do regime monárquico é que essa força extralegal reside na figura do monarca, que é justamente o mais visível dos homens. Se tal poder de ajustar o sistema deve sempre existir, seja de modo formal ou informal, público ou secreto, é muito melhor que o esteja nas mãos de um monarca hereditário, um homem educado para ser Chefe de Estado, e pessoalmente interessado em que o mesmo funcione de forma estável por gerações e gerações. Todo rei quer legar um Estado envolto em estabilidade para seus filhos e netos, pois o destino dos mesmos se confundirá com os destinos da nação.

Entretanto, cumpre destacar que embora a Monarquia nos moldes da Carta de 1824 nos pareça o sistema ideal para promover a restauração daquilo que há de melhor no Brasil, esse renascimento poderia em tese ser feito sob uma República. Ora, os Estados Unidos da América, o país mais bem-sucedido do mundo, é uma república. A Suíça, modelo de organização e desenvolvimento também o é. Acontece, todavia, que tais países possuem uma prática política bastante distinta da nossa. Historicamente os americanos basearam sua conduta cívica na fé cristã, o que gerou um ambiente de respeito às leis indispensável ao sucesso do sistema político, e os suíços organizam sua sociedade de baixo para cima, com cada região do país (os cantões) funcionando quase que de forma autônoma.

Então, embora o sistema de Monarquia Parlamentar seja teoricamente superior ao sistema de República Presidencialista, o segundo pode levar a resultado superior a depender do comportamento dos cidadãos. Em outros termos: a efetividade dos sistemas extrajurídicos de controle social, especialmente as regras morais e preceitos religiosos, é fundamental para o sucesso de qualquer regime político.

Quanto ao Brasil, a experiência histórica demonstra que a República é completamente incapaz de domar a maldade e ambição dos políticos brasileiros. Constituição republicana após constituição republicana o resultado foi o fracasso, muito por culpa de falhas no sistema de freios e contrapesos dos poderes, muito porque o brasileiro tornou-se submisso a uma prática política visivelmente imoral. Por outro lado, o Poder Moderador previsto na Constituição de 1824 já se provou (ainda que num passado distante) competente para domar o que há de pior na política brasileira. Mas é importante ressaltar que isso somente será possível se o Imperador ostentar um comportamento moral exemplar, baseado na fé cristã (a corrente religiosa predominante no país), para que sirva de exemplo ao povo e possa funcionar como símbolo da nação. É importante, ainda, para evitar golpes militares, que o mesmo tenha no mínimo iniciado uma carreira militar honrosa, como ocorre nas famílias reais europeias.

CAPITULO II.

Do Poder Executivo.

Art. 102. O Imperador é o Chefe do Poder Executivo, e o exercita pelos seus Ministros de Estado.

São suas principaes attribuições

I. Convocar a nova Assembléa Geral ordinaria no dia tres de Junho do terceiro anno da Legislatura existente.

II. Nomear Bispos, e prover os Beneficios Ecclesiasticos.

III. Nomear Magistrados.

IV. Prover os mais Empregos Civis, e Politicos.

V. Nomear os Commandantes da Força de Terra, e Mar, e removel-os, quando assim o pedir o Serviço da Nação.

VI. Nomear Embaixadores, e mais Agentes Diplomaticos, e Commerciaes.

VII. Dirigir as Negociações Politicas com as Nações estrangeiras.

VIII. Fazer Tratados de Alliança offensiva, e defensiva, de Subsidio, e Commercio, levando-os depois de concluidos ao conhecimento da Assembléa Geral, quando o interesse, e segurança do Estado permittirem. Se os Tratados concluidos em tempo de paz envolverem cessão, ou troca de Territorio do Imperio, ou de Possessões, a que o Imperio tenha direito, não serão ratificados, sem terem sido approvados pela Assembléa Geral.

IX. Declarar a guerra, e fazer a paz, participando á Assembléa as communicações, que forem compativeis com os interesses, e segurança do Estado.

X. Conceder Cartas de Naturalisação na fórma da Lei.

XI. Conceder Titulos, Honras, Ordens Militares, e Distincções em recompensa de serviços feitos ao Estado; dependendo as Mercês pecuniarias da approvação da Assembléa, quando não estiverem já designadas, e taxadas por Lei.

XII. Expedir os Decretos, Instrucções, e Regulamentos adequados á boa execução das Leis.

XIII. Decretar a applicação dos rendimentos destinados pela Assembléa aos varios ramos da publica Administração.

XIV. Conceder, ou negar o Beneplacito aos Decretos dos Concilios, e Letras Apostolicas, e quaesquer outras Constituições Ecclesiasticas que se não oppozerem á Constituição; e precedendo approvação da Assembléa, se contiverem disposição geral.

XV. Prover a tudo, que fôr concernente á segurança interna, e externa do Estado, na fórma da Constituição.

Art. 103. 0 Imperador antes do ser acclamado prestará nas mãos do Presidente do Senado, reunidas as duas Camaras, o seguinte Juramento - Juro manter a Religião Catholica Apostolica Romana, a integridade, e indivisibilidade do Imperio; observar, e fazer observar a Constituição Politica da Nação Brazileira, e mais Leis do Imperio, e prover ao bem geral do Brazil, quanto em mim couber.

Art. 104. O Imperador não poderá sahir do Imperio do Brazil, sem o consentimento da Assembléa Geral; e se o fizer, se entenderá, que abdicou a Corôa.

6.2. Comentários sobre o Capítulo II - Do Poder Executivo

O sistema da Carta de 1824 conferiu ainda ao Imperador a chefa do Poder Executivo, que o exercia por intermédio de seus Ministros de Estado (Art. 102). Cabiam-lhe, na qualidade de chefe desse poder, as seguintes atribuições: (i) convocar a nova Assembléa Geral ordinária, no ano da Legislatura vigente; (ii) nomear bispos, e prover os benefícios eclesiásticos; (iii) nomear os magistrados; (iv) dar provimento aos "empregos civis, e políticos" na Administração do Império; (v) nomear e remover os comandantes das forças militares, a Força de Terra e a Força de Mar; (vi) nomear os embaixadores e demais agentes diplomáticos; (vii) dirigir as negociações políticas com as nações estrangeiras; (viii) Assinar tratados internacionais, levando-os depois de concluídos ao conhecimento da Assembleia Geral, "quando o interesse, e segurança do Estado permittirem"; (ix) declarar a guerra, e fazer a paz, "participando á Assembléa as communicações, que forem compativeis com os interesses, e segurança do Estado"; (x) conceder "Cartas de Naturalisação", nos termos da lei; (xi) Conceder títulos, honras, ordens militares, e distinções em recompensa de serviços feitos ao Estado; (xii) expedir os decretos, instruções, e regulamentos; (xiii) decretar a aplicação dos rendimentos destinados pela "Assembléa" aos diversos ramos da publica Administração; (xiv) "conceder, ou negar o Beneplacito aos Decretos dos Concilios, e Letras Apostolicas, e quaesquer outras Constituições Ecclesiasticas que se não oppozerem á Constituição; e precedendo approvação da Assembléa, se contiverem disposição geral"; (xv) "prover a tudo, que fôr concernente á segurança interna, e externa do Estado, na fórma da Constituição".

Ressalte-se que os tratados internacionais que fossem concluídos em tempo de paz e envolvessem cessão, ou troca de partes do "Territorio do Imperio", ou de "Possessões, a que o Imperio tenha direito", requeriam a ratificação da Assembléa Geral para ter validade (Art. 102, VIII). Também dependiam do crivo do Poder Legislativo as "Mercês pecuniárias" dadas em conjunto com os títulos, honrarias, ordens militares, e distinções atribuídas pelo Imperador. Por fim, o Imperador precisava ainda da autorização da Assembléia Geral para sair do território do Império, sob pena de sua ausência desautorizada ser interpretada com abdicação ao trono (Art. 104).

CAPITULO III.

Da Familia Imperial, e sua Dotação.

Art. 105. O Herdeiro presumptivo do Imperio terá o Titulo de "Principe Imperial" e o seu Primogenito o de "Principe do Grão Pará" todos os mais terão o de "Principes". O tratamento do Herdeiro presumptivo será o de "Alteza Imperial" e o mesmo será o do Principe do Grão Pará: os outros Principes terão o Tratamento de Alteza.

Art. 106.0 Herdeiro presumptivo, em completando quatorze annos de idade, prestará nas mãos do Presidente do Senado, reunidas as duas Camaras, o seguinte Juramento - Juro manter a Religião Catholica Apostolica Romana, observar a Constituição Politica da Nação Brazileira, e ser obediente ás Leis, e ao Imperador.

Art. 107. A Assembléa Geral, logo que o Imperador succeder no Imperio, lhe assignará, e á Imperatriz Sua Augusta Esposa uma Dotação correspondente ao decoro de Sua Alta Dignidade.

Art. 108. A Dotação assignada ao presente Imperador, e á Sua Augusta Esposa deverá ser augmentada, visto que as circumstancias actuaes não permittem, que se fixe desde já uma somma adequada ao decoro de Suas Augustas Pessoas, e Dignidade da Nação.

Art. 109. A Assembléa assignará tambem alimentos ao Principe Imperial, e aos demais Principes, desde que nascerem. Os alimentos dados aos Principes cessarão sómente, quando elles sahirem para fóra do Imperio.

Art. 110. Os Mestres dos Principes serão da escolha, e nomeação do Imperador, e a Assembléa lhes designará os Ordenados, que deverão ser pagos pelo Thesouro Nacional.

Art. 111. Na primeira Sessão de cada Legislatura, a Camara dos Deputados exigirá dos Mestres uma conta do estado do adiantamento dos seus Augustos Discipulos.

Art. 112. Quando as Princezas houverem de casar, a Assembléa lhes assignará o seu Dote, e com a entrega delle cessarão os alimentos.

Art. 113. Aos Principes, que se casarem, e forem residir fóra do Imperio, se entregará por uma vez sómente uma quantia determinada pela Assembléa, com o que cessarão os alimentos, que percebiam.

Art. 114. A Dotação, Alimentos, e Dotes, de que fallam os Artigos antecedentes, serão pagos pelo Thesouro Publico, entregues a um Mordomo, nomeado pelo Imperador, com quem se poderão tratar as Acções activas e passivas, concernentes aos interesses da Casa Imperial.

Art. 115. Os Palacios, e Terrenos Nacionaes, possuidos actualmente pelo Senhor D. Pedro I, ficarão sempre pertencendo a Seus Successores; e a Nação cuidará nas acquisições, e construcções, que julgar convenientes para a decencia, e recreio do Imperador, e sua Familia.

6.3. Comentários sobre o Capítulo III - Da Familia Imperial, e sua Dotação.

O tratamento devido à Família Imperial é descrito detalhadamente na Carta de 1824. Em primeiro lugar, determina-se que se trate por "Príncipe Imperial" o herdeiro do Império, e por "Príncipe do Grão Pará" o primogênito do mesmo, devendo esses ser tratados por "Alteza Imperial", ao passo que os demais membros da Família Imperial deveriam ser tratados somente por "Alteza" e receber o título de "Príncipes". O Príncipe Imperial deveria prestar perante a Assembleia Geral o seguinte juramento, quando atingisse a idade de 14 anos: "Juro manter a Religião Catholica Apostolica Romana, observar a Constituição Politica da Nação Brazileira, e ser obediente ás Leis, e ao Imperador".

No que se refere à manutenção financeira do Imperador, a Constituição de 1824 determina que não era o mesmo que deveria determinar os valores que lhe cabiam, mas a Assembleia Geral. Isto é, o Poder Legislativo é que deveria fixar para tanto uma

"Dotação correspondente ao decoro de Sua Alta Dignidade", que deveria ser aumentada de acordo com as circunstâncias.

O Príncipe Imperial e demais Príncipes recebiam também "alimentos" do Império, um valor financeiro dedicado a seu sustento, desde o nascimento e enquanto permanecessem no território. Ademais, sua instrução, ministrada por mestres de livre escolha do Imperador, também era custeada pelos cofres públicos. É interessante frisar, ainda, que a Carta de 1824 previa o pagamento de um dote quando as Princesas houvessem de se casar, e de uma quantia paga aos Príncipes quando estes se casassem e fossem morar no exterior. Todos os valores destinados dos cofres públicos para a Família Imperial, ressalte-se, eram fixados pela Assembleia Geral e entregues a um mordomo nomeado pelo Imperador para tratar dos assuntos da Casa Imperial.

Pode parecer que seriam exorbitantes os custos para manter uma Família Imperial no Brasil, entretanto, não é bem o que se observa quando comparamos o custo das famílias reais europeias com o custo que nosso país arca para manter seus presidentes e ex-presidentes. A manutenção da família real britânica custou, no ano de 2014, R$ 196,3 milhões, segundo relatório anual da Casa Real daquele país, enquanto no Brasil 747,6 milhões foram gastos em despesas do núcleo administrativo diretamente vinculado a então Presidente Dilma[62].

Por fim, segundo a Carta de 1824, todas as propriedades que pertenciam em 1824 a Dom Pedro I, como os palácios e terrenos nacionais, passariam a integrar o patrimônio privado de seus sucessores. E futuras aquisições de palácios e propriedade para a família Imperial deveriam ser decididas pela nação, na figura da Assembleia Geral.

Por fim, há duas questões ainda polêmicas envolvendo o patrimônio dos herdeiros dos Imperadores do Brasil.

A primeira delas se refere ao laudêmio, no valor de 2,5% dos imóveis vendidos em certas áreas da cidade de Petrópolis-RJ, que recebem alguns membros da Família Imperial. Esse valor, previsto em lei, é devido não como um privilégio irrazoável, mas porque as terras daquela região faziam parte da Fazenda do Córrego Seco, que era propriedade privada do Imperador. Ainda no século XIX, o monarca dividiu a terra e cedeu para exploração de terceiros, que por conta disso deveriam pagar uma taxa à família real cada vez que a terra mudasse de dono. Recentemente, um vereador (do Partido dos Trabalhadores) da cidade de Petrópolis intentou acabar com a cobrança do referido laudêmio[63].

A segunda questão envolve a propriedade do Palácio da Guanabara, a sede do Governo do Rio de Janeiro. O referido palácio fora adquirido em 1864 com o valor do dote dado pelo Estado brasileiro pelo casamento da Princesa Isabel de Bragança com o Conde d'Eu, da Família Real francesa dos Orleans, conforme constitucionalmente determinado. Acontece que com o Golpe Republicano de 1889 o palácio, que era propriedade privada doo casal, fora simplesmente confiscado pela União. Então, em 1897 a Princesa

Isabel, exilada na França, ingressou com uma ação judicial requerendo a posse do Palácio. Por muito tempo, esse fora o processo judicial mais antigo em tramitação no país. Já em 1950, seus netos ingressaram com uma segunda ação judicial, requerendo, dessa vez, a propriedade do imóvel. Tamanha a duração dos processos, os advogados da Família Imperial já não possuiam esperanças de reaver o imóvel, mas somente de ser indenizados pela perda da propriedade legitimamente adquirida. A Advocacia Geral da União, por sua vez, sustentava que o Palácio fora incorporado definitivamente ao patrimônio da União. Após 123 anos, o STJ decidiu em favor da União.

CAPITULO IV.

Da Successão do Imperio.

Art. 116. O Senhor D. Pedro I, por Unanime Acclamação dos Povos, actual Imperador Constittucional, e Defensor Perpetuo, Imperará sempre no Brazil.

Art. 117. Sua Descendencia legitima succederá no Throno, Segundo a ordem regular do primogenitura, e representação, preferindo sempre a linha anterior ás posteriores; na mesma linha, o gráo mais proximo ao mais remoto; no mesmo gráo, o sexo masculino ao feminino; no mesmo sexo, a pessoa mais velha á mais moça.

Art. 118. Extinctas as linhas dos descendentes legitimos do Senhor D. Pedro I, ainda em vida do ultimo descendente, e durante o seu Imperio, escolherá a Assembléa Geral a nova Dynastia.

Art. 119. Nenhum Estrangeiro poderá succeder na Corôa do Imperio do Brazil.

Art. 120. O Casamento da Princeza Herdeira presumptiva da Corôa será feito a aprazimento do Imperador; não existindo Imperador ao tempo, em que se tratar deste Consorcio, não poderá elle effectuar-se, sem approvacão da Assembléa Geral. Seu Marido não terá parte no Governo, e sómente se chamará Imperador, depois que tiver da Imperatriz filho, ou filha.

6.4 Comentários sobre o Capítulo IV - Da Successão do Imperio

6.4.1 Sobre as disposições constitucionais

O art. 116 da Constituição de 1824 declarava que "o Senhor D. Pedro I, por Unanime Acclamação dos Povos, actual Imperador Constittucional, e Defensor Perpetuo, Imperará sempre no Brazil". Bem, todos sabemos que não foi isso que aconteceu. Em 1831, após perder todo o apoio político que tinha, e ver a opinião das ruas contra si, Dom Pedro I teve de abdicar ao trono em favor de Dom Pedro II, seu herdeiro varão. O sistema de sucessão previsto da Carta de 1824 teve de ser utilizado muito antes do que se poderia imaginar.

A sucessão de Dom Pedro I deveria ser feita pela ordem regular da primogenitura, de sua descendência legítima. Além disso, "preferindo sempre a linha anterior ás posteriores; na mesma linha, o gráo mais proximo ao mais remoto; no mesmo gráo, o sexo masculino ao feminino; no mesmo sexo, a pessoa mais velha á mais moça". Isto é, o Príncipe Imperial deveria ser o filho legítimo mais velho do Imperador, passando-se em seguida à filha mais velha, e depois a outras linhas sucessórias.

Caso fossem extintas todas as linhas sucessórias de Pedro I, a Assembleia Geral deveria escolher uma nova dinastia, ainda no período de vida do último descendente do primeiro Imperador. Ressalte-se que nenhum estrangeiro poderia ser sagrado "Imperador do Brazil", ainda que descendente na linha sucessória legítima. Isso pode parecer uma advertência banal, mas muitos foram os casos de estrangeiros coroados rei na Europa. Na Inglaterra, por exemplo, Guilherme de Orange foro corado rei em 1685, após a Revolução Gloriosa, e na Suécia o Marechal Bernardotte, do Exército da França, fora coroado rei em 1810, numa tentativa (bem-sucedida) de frear as investidas de Napoleão Bonaparte sobre o país. E, em 1822, antes da Independência do Brasil, próprio Dom Pedro I fora convidado a ser rei da Grécia, que havia há pouco se libertado do domínio do Império Otomano.

No que se refere ao casamento da princesa herdeira, esta somente poderia casar-se mediante autorização do Imperador ou da Assembleia Geral, em sua ausência. O consorte da imperatriz não teria parte no governo, e somente poderia ostentar o título de Imperador após ter filho com a mesma (Art. 120).

6.4.2 Sobre a natureza da Monarquia Hereditária

O britânico G. K. Chesterton[64] esclarece que a ideia de igualdade parece natural para todos os homens, e que estes só admitem a existência de uma classe superior por um simples motino: a hierarquia lhes é útil. Numa situação de perigo, como uma invasão inimiga, por exemplo, a resposta defensiva precisa ser urgente, não há espaço para longos debates na tomada de decisão militar, pois um exército não pode ficar indeciso no campo de batalha. Assim, é imprescindível que alguém, ainda que não seja o mais sábio ou o mais forte dentre os homens, assuma a liderança e tome as decisões necessárias para vencer a guerra. Portanto, a disciplina militar não se refere a seguir o melhor, mas a seguir a qualquer um, desde que haja uma lógica na metodologia de escolha. A hierarquia se fundamenta, por conseguinte, na igualdade dos homens, e não na desigualdade.

Dito isso, a aristocracia europeia não se formou pela escolha dos melhores homens, mas pela continuidade de uma muito antiga hierarquia militar, formada para salvar a população do Império Romano das invasões bárbaras. A palavra duque nada mais significa que coronel, e palavra Imperador nada mais significa que "comandante em chefe". Dessa forma, a ideia fundamental por trás de uma monarquia hereditária reside em obedecer a qualquer um, cuja única característica distintiva é ser o herdeiro do antigo chefe militar, e não ao melhor dos homens.

Mas por que devemos ser súditos dos herdeiros de um guerreiro há muito esquecido? Porque isso favorece a condução da sociedade, assim como a hierarquia e a disciplina favorecem a ação de um exército. A regra da Monarquia Hereditária só durou tantos séculos porque oferece algo de bom para as pessoas. Em primeiro lugar, esse sistema de escolha de líderes provado e aprovado por gerações oferece uma regra de sucessão clara, o que oferece tranquilidade e segurança ao reino[65]. Uma vez que todos sabem quem é o herdeiro do trono, não haverá necessidade de guerras ou assassinatos para decidir quem é o monarca, fatos comuns na sucessão dos impérios romano e mongol, por exemplo. Em segundo lugar, sabendo que seus filhos e netos herdarão o trono, o monarca se vê incentivado a fazer a melhor gestão possível dos conflitos internos, de modo a preservar o bem-estar social e a integridade do sistema. Isto é, o rei tem sempre um grande incentivo para respeitar as regras do jogo e garantir que os demais também respeitem.

Mas a ideia de respeito às regras também se projeta para ageração seguinte. A manutenção da linha sucessória diminui as chances de que um monarca simplesmente rasgue as regras de seu antecessor. Assim, a hereditariedade na sucessão real funciona de duas maneiras, distintas mas complementares, como fiadora para os compromissos de longo prazo de uma determinada sociedade. E segurança sempre foi justamente uma das coisas que mais gostam os empreendedores. Portanto, além de favorecer a paz, a regra da Monarquia Hereditária tende a promover a prosperidade de uma nação[66].

CAPITULO V.

Da Regencia na menoridade, ou impedimento do Imperador.

Art. 121. O Imperador é menor até á idade de dezoito annos completos.

Art. 122. Durante a sua menoridade, o Imperio será governado por uma Regencia, a qual pertencerá na Parente mais chegado do Imperador, segundo a ordem da Successão, e que seja maior de vinte e cinco annos.(Vide Lei nº 16, de 1834)

Art. 123. Se o Imperador não tiver Parente algum, que reuna estas qualidades, será o Imperio governado por uma Regencia permanente, nomeada pela Assembléa Geral, composta de tres Membros, dos quaes o mais velho em idade será o Presidente.(Vide Lei de 12.10.1832)

Art. 124. Em quanto esta Rogencia se não eleger, governará o Imperio uma Regencia provisional, composta dos Ministros de Estado do Imperio, e da Justiça; e dos dous Conselheiros de Estado mais antigos em exercicio, presidida pela Imperatriz Viuva, e na sua falta, pelo mais antigo Conselheiro de Estado.

Art. 125. No caso de fallecer a Imperatriz Imperante, será esta Regencia presidida por seu Marido.

Art. 126. Se o Imperador por causa physica, ou moral, evidentemente reconhecida pela pluralidade de cada uma das Camaras da Assembléa, se impossibilitar para governar, em seu logar *governará, como Regente o Principe Imperial, se for maior de dezoito annos.*

Art. 127. Tanto o Regente, como a Regencia prestará o Juramento mencionado no Art. 103, accrescentando a clausula de fidelidade na Imperador, e de lhe entregar o Governo, logo que elle chegue á maioridade, ou cessar o seu impedimento.

Art. 128. Os Actos da Regencia, e do Regente serão expedidos em nome do Imperador pela formula seguinte - Manda a Regencia em nome do Imperador... - Manda o Principe Imperial Regente em nome do Imperador.

Art. 129. Nem a Regencia, nem o Regente será responsavel.

Art. 130. Durante a menoridade do Successor da Corôa, será seu Tutor, quem seu Pai lhe tiver nomeado em Testamento; na falta deste, a Imperatriz Mãi, em quanto não tornar a casar: faltando esta, a Assembléa Geral nomeará Tutor, com tanto que nunca poderá ser Tutor do Imperador menor aquelle, a quem possa tocar a successão da Corôa na sua falta.

6.5 Comentários sobre o Capítulo V - Da Regencia na menoridade, ou impedimento do Imperador.

6.5.1Contextualização histórica - Abdicação de D. Pedro I, Regência e Ascensão de D. Pedro II

Em abril de 1831, o Brasil estava carregado de ímpeto revolucionário. A oposição liberal bombardeava o Imperador a partir da Câmara dos Deputados, e inúmeros jornais reverberavam indignação com o autoritarismo do mesmo. No centro das discussões estava a questão do Federalismo, isto é, a disputa entre o poder central e os poderes locais, e o Republicanismo.

Em 11 de março, os partidários do Imperador, principalmente comerciantes portugueses, o receberam de uma viagem a Minas Gerais com uma grande festa, todavia, a oposição liberal os confrontou violentamente nas ruas. O que deveria ser uma festa virou um conflito generalizado, que ficou conhecido por Noite das Garrafadas. Mas houve muito mais que um episódio isolado, na verdade irrompiam brigas de rua por toda a capital entre os partidários e os opositores do monarca. De fato, o Brasil se encaminhava para um golpe (com ambos os lados da disputa movendo conspirações nesse sentido) ou para uma guerra civil.

E no dia 6 de abril daquele ano, uma multidão de 40 mil pessoas se juntou para protestar contra o Imperador e exigir a volta do Gabinete que havia sido recentemente demitido. Dom Pedro I não tinha mais apoio sequer das tropas, que se juntavam batalhão após batalhão ao movimento de revolta, e, por isso, teve de abdicar ao trono brasileiro em 7 de abril, em favor de seu filho Dom Pedro II. Partiu para Portugal para lá travar guerra com seu irmão Dom Miguel (que queria usurpar o poder real de sua sobrinha, Dona Maria, filha de Dom Pedro I) e sagrar-se rei de sua terra natal67.

O país caminhava para um verdadeiro estado de anarquia, quando a Assembleia Geral elegeu uma Regência Trina Provisória, composta pelo General

Francisco de Lima e Silva, pelo senador Nicolau Pereira de Campos Vergueiro e José Joaquim Carneiro de Campos, o Marquês de Caravelas, que intentou restabelecer a ordem, restaurando Gabinete que havia sido recentemente demitido (o que era um dos maiores clamores da população). Em seguida, elegeu-se uma Regência Trina Permanente, composta novamente pelo General Francisco de Lima e Silva, pelo Marquês de Monte Alegra, José da Costa Carvalho, e pelo deputado João Bráulio Muniz.

Entretanto, graves revoltas populares e militares, como a Cabanagem do Pará e a Guerra Farrupilha na região Sul do páis, não cessaram nas províncias. E o Brasil permaneceria em estado de revolta armada ainda por muitos anos.

Cabe lembrar que durante o Primeiro Reinado e o Período Regencial não haviam partidos políticos no Brasil, existiam somente facções políticas informais, grupos organizados em torno de ideias políticas ou metas políticas comuns. Eram partidos de fato mas não de direito, vez que não tinam existência jurídica.

O primeiro desses grupos, os Exaltados, era composto por liberais radicais de índole jacobinista que, inspirados em Rousseau, planejavam profundas reformas sociais, como a implantação do Federalismo e o fim gradual da escravidão. Essa era a esquerda do espectro político. O segundo grupo, os Moderados, seguia as ideais do liberalismo clássico de John Locke e Montesquieu, e intentava promover reformas no sentido de diminuir o poder imperial, em favor do fortalecimento dos outros poderes, e do reforço dos direitos fundamentais dos cidadãos, mas sem ameaçar o próprio Império. Essa era a ala de centro da política da época. O terceiro grupo, por fim, os Caramurus, era composto por aqueles que se inspiravam no político e escritor inglês Edmund Burke, e almejava uma monarquia constitucional fortemente centralizada, como fora o Primeiro Reinado. Por isso, criticavam bastante a abdicação de Dom Pedro I, sendo que muitos desejavam mesmo seu retorno. Essa era a direita da política de então68.

E foi nesse contexto político que se aprovou, em 1834, a Ato Adicional, a única emenda à Constituição de 1824, que, em resumo, realizou três grandes alterações: (i) promoveu uma ampla descentralização dos poderes do Estado brasileiro, ao criar as Assembleias Legislativas Provinciais; (ii) criou a Regência Una eletiva, com mandato de 4 anos; e (iii) suprimiu o Conselho de Estado.

Ora, é bastante nítido que tais modificações representaram uma vitória dos liberais, que, como veremos, não fora uma vitória definitiva.

Conforme fora ordenado pelo Ato Adicional, realizou-se eleição para o cargo de regente, pela qual fora eleito Diogo Antônio Feijó, um padre secular de origem pobre e liberal moderado, que também era além de admirador do pensamento de Immanuel Kant. Antes da eleição, o mesmo havia ocupado os cargos de deputado nas Cortes de Portugal, e no Brasil os cargos de deputado, senador, e ministro da justiça, quando da Regência Trina Permanente. No cargo de ministro, Feijó dispersou o exército brasileiro e as polícias da época, para criar a Guarda Nacional, que era uma espécie de milícia de confiança tanto do governo como das classes dominantes agrárias. A Regência de Feijó fora marcada por sua busca de implantar, acima de tudo, a ordem do Império. Por esse comprometimento ele enfrentou, com autoridade e violência, todos os movimentos de revolta que eclodiam em todo o país. Entretanto, o padre Feijó não aguentou a pressão parlamentar, e terminou por renunciar ao cargo de regente em 1839, por compreender que sua contribuição não poderia mais resolver os males públicos69.

A essa altura o Brasil já não aguentava mais tantas revoltas armadas, tanta convulsão social, e, então, em 13 de maio de 1840, Dom Pedro II fora declarado maior por lei aos 14 anos de idade, para ser coroado Imperador do Brasil, em julho de 1841. A manobra parlamentar, no entanto, não foi bem recebida por todos, tendo sido chamada, com bastante razão, de Golpe da Maioridade, uma vez que os liberais a utilizaram como artifício para se manterem no poder à margem da Carta de 182470.

6.5.2. Comentários adicionais sobre a Regência

Durante a menoridade do Imperador, a Carta de 1824 determinava que o Brasil fosse governado por uma Regência, que deveria ser exercida pelo parente mais próximo do monarca, segundo a ordem constitucional de sucessão, desde que maior de 25 anos. Durante tal período, o mesmo deveria ter um tutor, nomeado pelo pai em testamento, ou pela imperatriz, na falta da indicação paterna. E na falta de ambos os pais, a Assembleia Geral o indicaria. Emas em todos os casos, a tutoria do Imperador menor não poderia ser conferida a seus sucessores no trono.

Na ausência de parente do Imperador nas condições acima descritas, previa originalmente a Constituição de 1824 que o Império deveria ser governado por uma Regência Permanente, composta por três membros nomeados pela Assembleia Geral e presidida pelo mais velho destes (Art. 123). Mais tarde, contudo, o Ato Adicional, Lei nº 16 de 12 de agosto de 1834, acrescentou que nessas circunstâncias a Regência deveria ser atribuída a um regente eleito para o ocupar o cargo por quatro anos. A mudança foi necessária para garantir a ordem pública e preservar o regime monárquico, dadas as intensas disputas políticas e revoltas populares pelas quais passava o país[71].

Em princípio, até a eleição da Regência Permanente, o Império deveria ser governado por uma Regência Provisória, sob a presidência da imperatriz viúva e composto pelos ministros de Estado do Império e da Justiça e mais os dois membros mais antigos do Conselho de Estado. Na falta da imperatriz, deveria a presidência desta Regência temporária caber ao mais antigo Conselheiro de Estado. Destaque-se, ainda, que caso falecesse a imperatriz imperante, a herdeira legítima do antigo Imperador, deveria ser o seu esposo o presidente da Regência temporária. Mais uma vez, porém, a regra fora alterada pela Lei nº 16 de 12 de agosto de 1834. E a partir de então, enquanto não tomasse posse o Regente, e também na sua falta e impedimentos, governaria o Ministro do Império, e, impedido este, o Ministro o da Justiça.

Havia ainda dispositivo constitucional que previa o exercício da Regência por parte do Príncipe Imperial, desde que maior de 18 anos, nos casos em que o Imperador se encontrasse impossibilitado de governar, tanto por razão física ou como por moral. Tal impossibilidade deveria ser reconhecida pela maioria de ambas as casas do Poder Legislativo. Por conta desse dispositivo, a princesa Isabel assumiu o controle do Império em diversas ocasiões, como aquela em que sancionou a Lei Áurea.

Em todos os casos de Regência, o regente deveria fazer o juramento do Art. 103, ou seja, jurar defender a Religião Católica Apostólica Romana, a indivisibilidade do Império e a Constituição de 1824. Além disso, deveria jurar fidelidade ao Imperador, e jurar a entrega da chefia de Estado uma vez cessado o impedimento. Todos os atos da Regência eram praticados não por autoridade do próprio Regente, mas "em nome do Imperador". Ademais, da mesma forma que o Imperador, o Regente não estava sujeita a responsabilidade.

Por fim, o Imperador deveria ser considerado menor de idade, para todos os fins jurídicos, até os 18 anos completos. No entanto, Dom Pedro II fora alçado à condição maior aos 14 anos de idade, após forte pressão dos liberais, no episódio que ficou conhecido por Golpe da Maioridade. E embora tenha realmente sido uma manobra astuciosa, a medida logrou bastante êxito em restabelecer a ordem no território do Império.

O período da Regência representou para o Brasil, na prática, uma experiência republicana, ou seja, tivemos uma república provisória que foi um grande fracasso. Se as instituições republicanas provisórias tivessem sido eficientes, bem-sucedidas em sua tarefa de apaziguar o país, a figura do menino Imperador poderia ter sido afastada sem grandes problemas. Mas não foi o que aconteceu. O menino de 14 anos, Dom Pedro II, fora tornado Imperador do dia para a noite, como forma de salvar o Brasil do caos político, da anarquia. E funcionou. Os anos seguintes ficaram conhecidos como o "Regresso", pois, sob o domínio político dos conservadores, foram anos de contrarrevolução, em que se observou uma retomada vigorosa do espírito de unidade nacional e da ideia de autoridade. Os objetivos políticos mais relevantes da época eram impedir a fragmentação territorial do Império e fazer valer a Constituição de 1824, bem como as instituições do Primeiro Reinado. A Revolução Brasileira, que por força das circunstâncias teve como líder o próprio herdeiro do trono português, fora finalmente encerrada[72].

CAPITULO VI.

Do Ministerio.

Art. 131. Haverá differentes Secretarias de Estado. A Lei designará os negocios pertencentes a cada uma, e seu numero; as reunirá, ou separará, como mais convier.

Art. 132. Os Ministros de Estado referendarão, ou assignarão todos os Actos do Poder Executivo, sem o que não poderão ter execução.

Art. 133. Os Ministros de Estado serão responsaveis

I. Por traição.

II. Por peita, suborno, ou concussão.

III. Por abuso do Poder.

IV. Pela falta de observancia da Lei.

V. Pelo que obrarem contra a Liberdade, segurança, ou propriedade dos Cidadãos.

VI. Por qualquer dissipação dos bens publicos.

Art. 134. Uma Lei particular especificará a natureza destes delictos, e a maneira de proceder contra elles.

Art. 135. Não salva aos Ministros da responsabilidade a ordem do Imperador vocal, ou por escripto.

Art. 136. Os Estrangeiros, posto que naturalisados, não podem ser Ministros de Estado.

6.6 Comentários sobre o Capítulo VI - Do Ministerio.

6.6.1 A escolha do Gabinete

O Poder Executivo do Império do Brasil era exercido pelo Gabinete de ministros. Assim como ocorre atualmente, a Administração do Império fora dividida ministérios, chamados de "Secretarias de Estado" pela Carta de 1824, com número e competências definidos por lei. A nomeação e destituição dos ministros era exercida exclusivamente pelo Imperador, com total liberdade, sendo que o cargo só não poderia ser ocupado por estrangeiros, ainda que naturalizados brasileiros. Cumpre lembrar, entretanto, que o conceito de brasileiro adotado pela Carta abarcava também todos os portugueses que aqui permaneceram após a declaração de Independência.

Ora, tal poder atribuído ao monarca significava, na prática, a negação do Parlamentarismo, porquanto a composição do Ministério poderia muito bem ser completamente distinta da maioria parlamentar da Câmara dos Deputados. No entanto, conforme já descrevemos nas páginas acima, a prática política do Império, com o devido tempo e amadurecimento do Imperador, veio a se aproximar bastante do Parlamentarismo. Até que, por fim, houve a criação do cargo de "Presidente do Conselho de Ministros", através do Decreto Nº 523, de 20 de julho de 1847. Por delegação do Imperador Dom Pedro II, o ocupante desse cargo passou a organizar o Gabinete, e em geral a escolha dos ministros era feira de forma a contemplar a maioria parlamentar. Assim, o procedimento criado pelo Decreto Imperial diferia daquele adotado na Grã-Bretanha, mas o resultado prático era o mesmo, qual seja, o regime representativo parlamentar[73]. Dessa forma, a criação do referido cargo de presidente do Conselho de Ministros serviu para reforçar e unificar a autoridade do Estado.

6.6.2 O episódio de Caxias

Todavia, houve certos momentos no reinado de Dom Pedro II em que a composição do Ministério fora minoritária em relação à Câmara dos Deputados, o que gerou grande tensão política. O mais célebre desses episódios foi o chamado "Episódio de Caxias", ocasião em que o Duque de Caxias, Generalíssimo da Força Militar brasileira, sofria severas críticas por sua atuação na Guerra do Paraguai, e atribuía as mesmas ao presidente do Conselho de Ministros. Como forma de reação, o Duque então colocou o Imperador contra a parede ao informar-lhe que pediria demissão de seu cargo, caso o Gabinete de Zacarias não fosse afastado. Ou o Imperador manteria seu Generalíssimo, ou manteria o Gabinete e com ele o apoio da Câmara. E uma vez ouvido o Conselho de Estado, a decisão foi no sentido de manter o Gabinete, no entanto, o chefe do Partido Liberal, em gesto de absoluta grandeza e solidariedade com o Imperador, optou por ceder e renunciou a sua posição. Mais que isso, fez parecer que sua abdicação fosse resultado de um desacordo banal com o Imperador face uma indicação ao Senado[74].

6.6.3 A responsabilidade dos ministros

A ideia de monarquia constitucional se baseia na irresponsabilização do monarca e responsabilização do Gabinete Ministerial[75]. Assim, os ministros poderiam ser responsabilizados (i) por traição, (ii) pelo recebimento de suborno ou comissão, (iii) por abuso de poder, (iv) pela inobservância da lei, (v) por ofensa à liberdade, à segurança ou à propriedade privada dos cidadãos, (vi) pela dissipação de bens públicos (Art. 133). As especificidades da natureza de tais delitos de responsabilidade deveriam ser definidas por lei. Destaque-se ainda que a responsabilidade ministerial não podia ser eximida sob a alegação de ordem do Imperador.

CAPITULO VII. (Vide Lei n° 16, de 1834)

Do Conselho de Estado.

Art. 137. Haverá um Conselho de Estado, composto de Conselheiros vitalicios, nomeados pelo Imperador.(Vide Lei de 12.10.1832)

Art. 138. O seu numero não excederá a dez.(Vide Lei de 12.10.1832)

Art. 139; Não são comprehendidos neste numero os Ministros de Estado, nem estes serão reputados Conselheiros de Estado, sem especial nomeação do Imperador para este Cargo.(Vide Lei de 12.10.1832)

Art. 140. Para ser Coaselheiro de Estado requerem-se as mesmas qualidades, que devem concorrer para ser Senador.(Vide Lei de 12.10.1832)

Art. 14I. Os Conselheiros de Estado, antes de tomarem posse, prestarão juramento nas mãos do Imperador de - manter a Religião Catholica Apostolica Romana; observar a Constituição, e às Leis; ser fieis ao Imperador; aconselhal-o segundo suas consciencias, attendendo sómente ao bem da Nação.(Vide Lei de 12.10.1832)

Art. 142. Os Conselheiros serão ouvidos em todos os negocios graves, e medidas geraes da publica Administração; principalmente sobre a declaração da Guerra, ajustes de paz, nogociações com as Nações Estrangeiras, assim como em todas as occasiões, em que o Imperador se proponha exercer qualquer das attribuições proprias do Poder Moderador, indicadas no Art. 101, á excepção da VI.(Vide Lei de 12.10.1832)

Art. 143. São responsaveis os Conselheiros de Estado pelos conselhos, que derem, oppostos ás Leis, e ao interesse do Estado, manifestamente dolosos.(Vide Lei de 12.10.1832)

Art. 144. O Principe Imperial, logo que tiver dezoito annos completos, será de Direito do Conselho de Estado: os demais Principes da Casa Imperial, para entrarem no Conselho de Estado ficam dependentes da nomeação do Imperador. Estes, e o Principe Imperial não entram no numero marcado no Art. 138.(Vide Lei de 12.10.1832)

6.7 Comentários ao Capítulo VII - Do Conselho de Estado

O Conselho de Estado era o órgão de aconselhamento do Imperador, que deveria ser ouvido em todas as vezes que o mesmo pretendesse exercer as atribuições do Poder Moderador, aquelas previstas no Art. 43 da Constituição de 1824. Então, sempre que o Imperador fosse nomear um senador ou destituir um ministro, por exemplo, deveria escutar previamente este órgão. O Conselho de Estado deveria ser ouvido, ainda, em todos os "negocios graves, e medidas geraes da publica Administração;

principalmente sobre a declaração da Guerra, ajustes de paz, nogociações com as Nações Estrangeiras". Mas, muito mais do que aconselhar, o Conselho de Estado fortalecia e protegia o Imperador, na medida em que assumia para si parte da responsabilidade moral por seus atos[76].

A composição do Conselho de Estado era definida livremente pelo Imperador, que deveria nomear até dez conselheiros, em caráter vitalício, dentre os brasileiros que atendessem os requisitos necessários para ingressar no Senado. Os ministros de Estado participavam das reuniões do Conselho, mas somente poderiam ser considerados como conselheiros caso fossem expressamente nomeados para tanto. Ademais, se ostentassem tão somente a condição de ministro quando das reuniões do órgão, não seriam computados no número máximo de dez conselheiros. E também não seriam considerados no limite quantitativo de conselheiros os membros da Família Imperial. O Príncipe Imperial ingressava no Conselho logo após completar seus 18 anos, e os demais Príncipes poderiam ser nomeados para o cargo pelo Imperador.

Antes de sua posse, os Conselheiros deveriam prestar juramento no sentido de "manter a Religião Catholica Apostolica Romana; observar a Constituição, e às Leis; ser fieis ao Imperador; aconselha-lo segundo suas consciencias, attendendo sómente ao bem da Nação". No que se refere a sua responsabilização, respondiam os Conselheiros "pelos conselhos, que derem, oppostos ás Leis, e ao interesse do Estado, manifestamente dolosos".

Ressalte-se, por derradeiro, que o Conselho de Estado teve, na verdade, duas fases distintas no Brasil.

Em sua primeira configuração, que durou entre 1828 e 1834, o órgão, composto por senadores e amigos do Imperador Dom Pedro I, era severamente criticado pela oposição liberal. Afirmava-se que o Conselho era uma instância de sustentação do absolutismo, um inimigo do governo constitucional. Pois bem, tais críticas à atuação do órgão foram se avolumando até o ponto em que levaram a sua extinção, através do Ato Adicional, a Lei nº 16 de 1834. No entanto, pouco tempo depois a Assembleia Geral percebeu o grave erro cometido, e recriaram o Conselho de Estado, de forma muito semelhante ao anterior, logo no início do reinado de Dom Pedro II, por meio da Lei nº 234, de 23 de novembro de 1841.

CAPITULO VIII.

Da Força Militar.

Art. 145. Todos os Brazileiros são obrigados a pegar em armas, para sustentar a Independencia, e integridade do Imperio, e defendel-o dos seus inimigos externos, ou internos.

Art. 146. Emquanto a Assembléa Geral não designar a Força Militar permanente de mar, e terra, substituirá, a que então houver, até que pela mesma Assembléa seja alterada para mais, ou para menos.

Art. 147. A Força Militar é essencialmente obediente; jamais se poderá reunir, sem que lhe seja ordenado pela Autoridade legitima.

Art. 148. Ao Poder Executivo compete privativamente empregar a Força Armada de Mar, e Terra, como bem lhe parecer conveniente á Segurança, e defesa do Imperio.

Art. 149. Os Officiaes do Exercito, e Armada não podem ser privados das suas Patentes, senão por Sentença proferida em Juizo competente.

Art. 150. Uma Ordenança especial regulará a Organização do Exercito do Brazil, suas Promoções, Soldos e Disciplina, assim como da Força Naval.(Vide Decreto nº 30, de 1839)(Vide Decreto nº 31, de 1839)

6.8 Comentários ao Capítulo VIII – Da Força Militar

6.8.1 Contextualização histórica

6.8.1.1 O Exército do Primeiro Reinado

E Exército Brasileiro evoluiu lentamente rumo a sua profissionalização e modernização. Durante o Primeiro Reinado, se caracterizou por nomear para as altas patentes os membros da elite local, concedendo o posto de Cadete ainda na infância, nos moldes do Antigo Regime português. Tais militares, muitos de origem portuguesa (o que gerava descontentamento na elite brasileira) e fiéis a Dom Pedro I, recebiam ainda títulos de nobreza. Por outro lado, a situação das fileiras era basta diferente. Muitos dos soldados eram, na verdade, estrangeiros mercenários, que a população temia bastante, por sua famosa indisciplina. E dentre os brasileiros, os que eram recrutados eram justamente os indivíduos mais problemáticos da sociedade, os desocupados das províncias.

Já no ano de 1831, os militares de todas as patentes estavam bastante envolvidos na política nacional. Era comum ver membros da Força Militar discursando nos quartéis a favor de um dos espectros da política, e até mesmo participando de manifestações junto com a população, sem ostentar a menor sombra de neutralidade ou respeito à autoridade. E foi justamente com a atuação de um grande número de militares que as pressões populares terminaram por levar Dom Pedro I à abdicação.

6.8.1.2 Redução das tropas e Guarda Nacional no Período Regencial

Mas a saída do monarca não bastou para acalmar as tropas. Em verdade, reinava a anarquia entre as tropas no início do Período Regencial, com militares se envolvendo em disputas de poder e sublevações da ordem em todo o território do Império. Sendo assim, o Exército não se prestava sequer para dar a devida sustentação ao regime regencial.

Some-se a esse contexto o fato de que havia na elite política, sobretudo na ala liberal, uma hostilidade, uma desconfiança em relação a existência de um força armada permanente, movida pelo ressentimento provocado pelo uso sistemático das tropas para conter as autonomias regionais, durante o Período Colonial. Ademais, um grupo de oficiais de alta patente, como o General Lima e Silva, acreditava que era preferível uma tropa compacta, desde que coesa e bem organizada, a fim de consolidar o processo de nacionalização e profissionalização da Força Militar brasileira. Dessa forma, dada tal confluência de fatores, promoveu-se durante o Período Regencial, nos anos de 1832-37, uma grande redução nos efetivos militares, passando de 12.200 para apenas 6.320 homens. Mais que isso, faltava de tudo ao exército brasileiro, desde armas a treinamento adequado e pagamento digno aos militares[77].

No mesmo período, criou-se, por meio da Lei de 18 de agosto de 1831, a Guarda Nacional, formada pelos cidadãos eleitores que tivessem entre 21 e 60 anos, e que consistia verdadeiramente numa milícia de confiança da elite política civil, especialmente da confiança dos proprietários rurais. Os membros da Guarda não eram remunerados, e deveriam ainda pagar por seu próprio fardamento e armamento. Isto implica dizer que se tratava de uma tropa autofinanciada, e que dava até lucro ao Estado, devido à venda de patentes.

Sua função não era substituir o Exército, mas auxiliá-lo na defesa da Constituição, da liberdade, da independência e da integridade do Império. Enquanto o corpo militar profissional cuidaria da defesa externa, a Guarda Nacional trataria da manutenção da ordem e da tranquilidade públicas. Entretanto, a nova tropa se mostrou completamente incapaz de manter a ordem, visto que diversas rebeliões despontaram em todo o Império após sua criação, havendo inclusive a participação de seus membros em muitas destas, como no caso da Guerra Farrupilha.

6.8.1.3 Caxias e a Guerra do Paraguai

Os conservadores, entretanto, nunca gostaram do desmantelamento progressivo do Exército Brasileiro, e logo que voltaram ao poder começaram a desfazer o processo. E após assumir o comando, o Duque de Caxias, derrotou, entre os anos de 1837 e 1849, as principais rebeliões no território do Império, dentre estas a Sabinada (na Bahia) e a Guerra Farrupilha (na região Sul do Brasil).

A partir de 1850 a instituição passa a adotar critérios rígidos para a ascensão interna nas patentes, escolarização do oficialato e tecnificação dos procedimentos, minimizando assim sua característica aristocrática.

Já no ano 1865, após ficarem em lados opostos na intervenção brasileira no Uruguai, o Paraguai aprisiona o navio brasileiro Marquês de Olinda e invade o território nacional. No início do conflito, o Brasil contava com 18 mil militares em todo o território, e as dificuldades materiais eram imensas (continuava a faltar de tudo, desde comida até armamento). Os soldados não recebiam em dia e tinham de marchar descalços. O Paraguai, por outro lado, contava com mais de 80 mil militares aguerridos, bem equipados e bem comandados.

Assim, os brasileiros tiveram de, às pressas, modernizar suas táticas e introduzir novas armas. A Guarda Nacional também foi enviada ao conflito, mas não sem grande descontentamento dos poderes locais. E a situação somente melhorou para nosso país após decreto do Imperador prometer determinadas vantagens aos cidadãos que se alistassem no Corpo de Voluntários da Pátria. Ao fim da guerra, o Exército, que libertou nosso território da tirania de Solano Lopes, saiu bastante fortalecido junto à sociedade brasileira. Caxias escreveu seu nome na história como herói, mas perdemos 100 mil vidas brasileiras[78] [79].

6.8.1.4 O Exército no golpe republicano

Por fim, cabe tratar do papel lamentável do Exército do golpe que pôs fim ao Império do Brasil.

No ano de 1889, o Imperador Dom Pedro II já estava enfraquecido política e fisicamente, de tal modo que o golpe teve o apoio das elites militar, econômica, intelectual e política. Só não teve mesmo o apoio do povo brasileiro, que adorava o monarca.

Muitas foram as questões que dilapidaram a autoridade imperial, sendo a maior delas, certamente, o descontentamento dos poderes locais com a centralização política e econômica no Rio de Janeiro. Assim, a ideia de implantar um novo e renovado Federalismo contribuiu muito para a queda do regime. Ademais, a Família Imperial havia se desgastado junto aos grandes produtores rurais, por ter promovido a libertação dos escravos. E, em verdade, grande parte da classe política há muito difamava o Imperador quando na oposição, sendo que os liberais nunca apreciaram o instituto da Monarquia. Por fim, muitos dos que tramaram o golpe o fizeram embalados pelas ideais republicanas, dado o sucesso dos Estados Unidos da América, e pelas ideias do positivismo de Augusto Comte[80].

O Exército, em suma, fora envenenado por todos os lados contra a Monarquia. Além disso, os militares se sentiam desprestigiados por Dom Pedro II, que, inexplicavelmente, não prestou grandes homenagens à morte do Duque de Caxias. Nesse contexto, movido por ressentimentos pessoais contra o Chefe do Gabinete (rancor decorrente da disputa por uma mulher, para ser mais preciso), o Marechal Deodoro da Fonseca derrubou a Monarquia para criar uma República Federativa, os Estados Unidos do Brasil.

O Imperador Dom Pedro II, que se recusou a usar a violência contra os golpistas, e sua Família Imperial foram expulsos do país no meio da noite, sendo obrigados a se desfazer de suas propriedades e proibidos de retornar por muitas décadas.

A República, no entanto, só nos trouxe desilusões e instabilidade, autoritarismo e corrupção. Presidente após presidente o povo é enganado.

Mas essas não são ideias que a maioria dos brasileiros conhecem. Muito pelo contrário, a mídia e a maioria dos livros de História celebram a Proclamação da República como fato natural e necessário da evolução social e política do país. Mas o que a realidade observável demonstra, todavia, é que as monarquias se adaptam às mudanças do tempo, e não há motivos para crer que seria diferente no Brasil. Todas as legítimas demandas sociais da época e as atuais poderiam ter sido resolvidas por nosso regime monárquico.

Observe-se as palavras de Christian Edward Cyril Lynch[81] que corroboram nossas afirmações:

> Na verdade, nada há que indique que o processo de mudança social em curso exigisse a instauração da República, ou seja, que ele não pudesse ter-se operado sob o signo do Império reformado, federalizado, na forma de uma "república velha coroada". É de bom alvitre lembrar que, como todas as monarquias do período, inclusive a britânica, o Império reformou o seu modelo político por pelo menos três vezes (1834, 1837, 1881), e estava a ponto de operar a quarta, sob o Gabinete Ouro Preto, quando foi derrubado. A história é pródiga em demonstrar que a Monarquia pode se combinar indiferentemente com a democracia ou o absolutismo; o sufrágio censitário ou universal; a centralização ou o federalismo; o governo pessoal ou o parlamentarismo; o contencioso administrativo ou judiciarismo etc. Se o problema é a incompatibilidade entre o continente americano e a Monarquia, o Canadá está aí para indicar o oposto; ademais, deve-se recordar que a forma monárquica de

governo havia sido a primeira opção de importantes setores de diversos países da América Ibérica, inviabilizada mais por motivos contingentes que por qualquer outro.

6.8.2 Disposições jurídicas sobre a Força Militar

O Art. 145 da Constituição de 1824 obrigava todos os brasileiros a pegar em armas para defender a independência e a integridade do Império, tanto dos inimigos internos como dos inimigos externos. A Força Militar de Mar e Terra, cujo efetivo permanente deveria ser fixado pela Assembleia Geral, somente poderia se reunir se assim fosse ordenado pela autoridade legítima, autoridade esta que cabia ao Poder Executivo, que deveria empregá-la para a segurança do Império. A organização do Exército brasileiro, sua disciplina, o regime de soldos e promoções, e sua Força Naval deveriam ser regulados por uma Ordenança Especial. E no que se refere às garantias aos oficiais, as patentes somente poderiam ser retiradas dos mesmos por sentença judicial.

TITULO 6°

Do Poder Judicial.

CAPITULO UNICO.

Dos Juizes, e Tribunaes de Justiça.

Art. 151. O Poder Judicial independente, e será composto de Juizes, e Jurados, os quaes terão logar assim no Civel, como no Crime nos casos, e pelo modo, que os Codigos determinarem.

Art. 152. Os Jurados pronunciam sobre o facto, e os Juizes applicam a Lei.

Art. 153. Os Juizes de Direito serão perpetuos, o que todavia se não entende, que não possam ser mudados de uns para outros Logares pelo tempo, e maneira, que a Lei determinar.

Art. 154. O Imperador poderá suspendel-os por queixas contra elles feitas, precedendo audiencia dos mesmos Juizes, informação necessaria, e ouvido o Conselho de Estado. Os papeis, que lhes são concernentes, serão remettidos á Relação do respectivo Districto, para proceder na fórma da Lei.

Art. 155. Só por Sentença poderão estes Juizes perder o Logar.

Art. 156. Todos os Juizes de Direito, e os Officiaes de Justiça são responsaveis pelos abusos de poder, e prevaricações, que commetterem no exercicio de seus Empregos; esta responsabilidade se fará effectiva por Lei regulamentar.

Art. 157. Por suborno, peita, peculato, e concussão haverá contra elles acção popular, que poderá ser intentada dentro de anno, e dia pelo proprio queixoso, ou por qualquer do Povo, guardada a ordem do Processo estabelecida na Lei.

Art. 158. Para julgar as Causas em segunda, e ultima instancia haverá nas Provincias do Imperio as Relações, que forem necessarias para commodidade dos Povos.

Art. 159. Nas Causas crimes a Inquirição das Testemunhas, e todos os mais actos do Processo, depois da pronuncia, serão publicos desde já.

Art. 160. Nas civeis, e nas penaes civilmente intentadas, poderão as Partes nomear Juizes Arbitros. Suas Sentenças serão executadas sem recurso, se assim o convencionarem as mesmas Partes.

Art. 161. Sem se fazer constar, que se tem intentado o meio da reconciliação, não se começará Processo algum.

Art. 162. Para este fim haverá juizes de Paz, os quaes serão electivos pelo mesmo tempo, e maneira, por que se elegem os Vereadores das Camaras. Suas attribuições, e Districtos serão regulados por Lei.

Art. 163. Na Capital do Imperio, além da Relação, que deve existir, assim como nas demais Provincias, haverá tambem um Tribunal com a denominação de - Supremo Tribunal de Justiça - composto de Juizes Letrados, tirados das Relações por suas antiguidades;

e serão condecorados com o Titulo do Conselho. Na primeira organisação poderão ser empregados neste Tribunal os Ministros daquelles, que se houverem de abolir.

Art. 164. A este Tribunal Compete:

I. Conceder, ou denegar Revistas nas Causas, e pela maneira, que a Lei determinar.

II. Conhecer dos delictos, e erros do Officio, que commetterem os seus Ministros, os das Relações, os Empregados no Corpo Diplomatico, e os Presidentes das Provincias.

III. Conhecer, e decidir sobre os conflictos de jurisdição, e competencia das Relações Provinciaes.

7. Comentários ao Título 6º - Do Poder Judicial

A Constituição de 1824 declarava ser o "Poder Judicial" um poder independente, composto por juízes e jurados, que deveriam atuar nas causas cíveis e criminais, segundo os termos da lei, sendo que cabia aos jurados pronunciar-se sobre os fatos, e aos juízes aplicar a lei no caso concreto.

Os magistrados eram "perpétuos", ou seja, contavam com a garantia da vitaliciedade. Entretanto, não gozavam da garantia da inamovibilidade, portanto, poderiam "ser mudados de uns para outros Logares pelo tempo, e maneira, que a Lei determinar". Tampouco possuíam os magistrados a garantia da irredutibilidade de vencimentos.

Todos os juízes de direito e oficiais de justiça respondiam por abuso de poder e prevaricação cometidos no exercício de suas funções, devendo os termos dessa responsabilização ser fixados por lei complementar. E a Carta de 1824 assegurava ainda Ação Popular contra os membros do Poder Judiciário, pelo recebimento de suborno, por peculato, ou por corrupção. A referida ação, cujo trâmite processual deveria ser definido por lei, poderia ser intentada em até um ano e dia pelo prejudicado.

A perda do cargo de Juiz de Direito somente poderia acontecer mediante sentença judicial, contudo, o Imperador poderia suspender os juízes após queixas prestadas contra os mesmos. Para tanto, deveria ouvir primeiramente o magistrado, possibilitando ao mesmo sua defesa, e depois escutar o Conselho de Estado sobre o caso concreto. Isso significa que, na prática, a vitaliciedade dos juízes poderia ser removida pela ação do Poder Moderador. Logo, o Poder Judiciário não era um poder realmente independente[82].

Além disso, o Poder Executivo (o Gabinete) interferia constantemente na autonomia do Poder Judiciário através da aposentadoria compulsória de magistrados. Não havia dispositivo constitucional que permitisse tal expediente, mas também nada vedava. Dessa forma, o Gabinete do Marquês de Paraná, por exemplo, agiu assim contra juízes pernambucanos cujas sentenças absolutórias, num caso de tráfico negreiro, lhe desagradaram. Anos depois, o Visconde de Sinimbu, então Ministro da Justiça, também decretou a aposentadoria de diversos membros do Supremo Tribunal de Justiça. E isso só mudou quando a Câmara dos Deputados, no exercício de seu poder de interpretação das leis, passou a considerar inconstitucional tal prática[83].

Tal atribuição do Poder Legislativo de interpretar as leis, aliás, constitua-se em outra grave limitação aos poderes do magistrado.

Some-se a essa falta de autonomia e fragilidade institucional dos juízes a competência concedida pelo Ato Adicional (a Lei nº 16 de 10 de agosto de 1834) às Assembleias Legislativas Provinciais para decretar a suspensão ou demissão de magistrados quando houvesse queixa contra os mesmos. Nesses casos, nos termos da Lei nº 105, de 12 de maio de 1840, o órgão deveria atuar como um tribunal de justiça, dando possibilidade de defesa ao acusado e aplicando as penas somente se a conduta fosse legalmente prevista como crime de responsabilidade.

Para reforçar o que dissemos, confira-se as palavras de Luciano Athayde Chaves sobre a diminuta autonomia do Poder Judiciário durante o Período Imperial[84]:

> Assim, a organização judiciária durante o regime imperial, embora tenha adquirido formal estabilidade ao longo de quase todo o

reinado de D. Pedro II (Segundo Reinado), longe estava de alcançar a unidade projetada formalmente, tampouco parece que foi capaz de mostrar traços de independência e autonomia, porquanto também estava atrelada a uma forte subordinação constitucional e institucional ao poder imperial, nas extremidades, subsumida às forças e aos potentados locais, que, mediante compromissos de ordem política, influenciavam a administração da justiça, inclusive quanto à nomeação de autoridades reais.

A Constituição de 1824 possui ainda dispositivos que previam determinados aspectos da atuação do "Poder Judicial", especialmente do Processo Civil e Processo Penal. O Art. 159, por exemplo, determinava a ampla publicidade dos atos processuais nas causas cíveis. Art. 160, por sua vez, facultava às partes o uso da arbitragem, utilizando a expressão "Juízes Arbitros", cujas sentenças deveriam ser executadas sem recurso. Já o Art. 161, determinava que as partes deveriam provar tentativa de conciliação prévia antes de ingressar com qualquer processo judicial, conciliação esta que deveria ser feita por um Juiz de Paz eleito, cujas atribuições deveriam ser fixadas por lei.

E no que se refere à organização do Poder Judiciário, previa a Carta do Império que em cada província deveria haver uma Relação, que nada mais era que um tribunal responsável por julgar as causas em segunda e última instância. Na Capital do Império, contudo, além da Relação havia o Supremo Tribunal de Justiça, composto por magistrados retirados por antiguidade das relações.

Competia ao Supremo Tribunal de Justiça original: (i) conceder ou denegar "Revistas nas Causas", nos termos da lei; (ii) "conhecer dos delitos e erros praticados do Officio" que praticarem seus próprios membros, os magistrados das relações provinciais, os membros do Corpo Diplomático, e os presidentes das províncias; (iii) conhecer e decidir sobre os conflitos de competência das diferentes relações provinciais.

Cabe ressaltar, entretanto, que a lei de criação do Supremo Tribunal de Justiça não lhe conferiu o poder-dever de uniformizar a jurisprudência no território do Império. A Constituição de 1824 conferia ao Poder Legislativo a faculdade de interpretar as leis, mas esse poder raramente era exercido. Assim, na prática o Poder Executivo terminou por absorver essas funções. Os juízes, limitados que eram a aplicar a lei, suscitavam dúvidas ao Poder Executivo sobre a interpretação da legiislação nos casos concretos a eles submetidos. Tal prática, além de dar poderes excessivos ao Executivo, protelava indefinidamente os julgamentos[85].

TITULO 7º

Da Administração e Economia das Provincias.

CAPITULO I.

Da Administração.

Art. 165. Haverá em cada Provincia um Presidente, nomeado pelo Imperador, que o poderá remover, quando entender, que assim convem ao bom serviço do Estado.

Art. 166. A Lei designará as suas attribuições, competencia, e autoridade, e quanto convier no melhor desempenho desta Administração.

CAPITULO II.

Das Camaras.

Art. 167. Em todas as Cidades, e Villas ora existentes, e nas mais, que para o futuro se crearem haverá Camaras, ás quaes compete o Governo economico, e municipal das mesmas Cidades, e Villas.

Art. 168. As Camaras serão electivas, e compostas do numero de Vereadores, que a Lei designar, e o que obtiver maior numero de votos, será Presidente.

Art. 169. O exercicio de suas funcções municipaes, formação das suas Posturas policiaes, applicação das suas rendas, e todas as suas particulares, e uteis attribuições, serão decretadas por uma Lei regulamentar.

8. Comentários ao Título 7º - Da Administração e Economia das Provincias.

8.1 A administração províncias do Império

Havia em cada uma das províncias do Império um Presidente da Província, que era livremente nomeado e demitido pelo Imperador, de acordo com a conveniência do "bom serviço do Estado", e cujas atribuições deveriam ser fixadas em lei.

Como representante do Poder Executivo central, cabiam-lhe amplos poderes para executar e inspecionar as ordens de todos os ministérios em seu território. Assim, todos os serviços públicos nacionais e provinciais estavam sob a autoridade local de um chefe comum, o que evitava a repetição e mistura de atividades atualmente observada.

Na defesa nacional o Presidente da Província, estava acima dos comandantes das armas, motivo por que era bastante comum que as guarnições tomassem parte nas disputas políticas locais. E na segurança pública nomeavam livremente os delegados, embora o Chefe de Polícia fosse nomeado pelo Poder Executivo central. Na aplicação da justiça e gestão das eleições, decidiam dúvidas sobre a aplicação da lei, o que, na prática, os tornava o principal instrumento de intervenção do Presidente do Conselho de Ministros nas eleições[86].

8.2 O município na Constituição de 1824

O governo econômico e municipal de todas as cidades e vilas do Império do Brasil cabia às câmaras, órgãos compostos por vereadores eleitos. Cada Câmara era dirigida por um Presidente eleito dentre os vereadores, cuja quantidade era determinada por lei. As competências das câmaras e a forma de aplicação de suas rendas deveriam ser definidos por uma lei regulamentar, o que foi feito pela Lei de 1º de outubro de 1828.

Em primeiro lugar, ao contrário do que ocorria em Portugal, onde as Câmaras possuíam funções administrativas e judiciais, as Câmaras de Vereadores brasileiras eram órgãos meramente administrativos. No que se refere a sua composição, as Câmaras das cidades tinham nove membros, enquanto as das vilas somente sete, que eram eleitos dentre os cidadãos que podiam votar nas assembleias paroquiais. As câmaras deveriam realizara quatro seções ordinárias, de três em três meses, e quantas extraordinárias fosse necessário.

Ainda no que se refere a competências, dispunham as Câmaras de Vereadores de poderes para tratar de toda sorte de assuntos de interesse local, tais como alinhamento das ruas, limpeza, iluminação, cães e praças, conservação e reparos de muralhas feitas para segurança dos edifícios e prisões públicas, calçadas, pontes, fontes, aquedutos, chafarizes, poços, tanques, e quaisquer outras construções em benefício comum da população. Poderiam dispor ainda sobre a localização de cemitérios, curtumes, matadouros, e locais para descanso de gado.

8.3 Centralização e Federalismo no Império

De acordo com o que se pode observar no conjunto de poderes provinciais e municipais acima descritos, a Constituição de 1824 criou um Estado bastante centralizado. O verdadeiro poder político se exercia através dos órgãos do governo central, o Gabinete, a Assembleia Geral e o Imperador. Dado o reduzidíssimo poder dos conselhos provinciais, praticamente não havia autonomia local. E isso só foi amenizado a partir do Ato Adicional.

Mas o que levou os criadores da Carta de 1824 a adotar a esse modelo? Fora o temor, bastante razoável, de que o país sofresse uma completa fragmentação territorial, tal qual se deu na América Hispânica.

O Padre Feijó, por exemplo, declarava abertamente, durante sua Regência, o medo que tinha de ver províncias como Pernambuco, Paraíba e Alagoas separadas. E é preciso recordar que o Império do Brasil teve de travar diversas guerras internas para manter sua unidade territorial, dentre estas a já referida Sabinada e a Balaiada (que ocorreu na Província do Maranhão). Também a Guerra dos Farrapos fora vencida pelo Império, em 1845, e as províncias que correspondem atualmente a Paraná, Santa Catarina e Rio Grande do Sul permaneceram unidas ao território, entretanto, a Guerra da Cisplatina fora perdida em 1828, e o Uruguai tornou-se independente. Ou seja, sem a centralização da Constituição de 1824 muito provavelmente o Brasil teria se partido em diversos Estados menores. Ademais, sem o poder central provavelmente não teríamos abolido a escravidão da forma como ocorreu. Haveriam uma guerra civil, ou o Rio de Janeiro e Minas Gerais jamais libertariam seus escravos em âmbito local[87] [88].

Cabe ressaltar, entretanto, que a questão era bastante polêmica na Assembleia Geral. Os Conservadores defendiam a centralização, por acreditar em seu caráter essencial para unidade do país, mas os liberais exigiam a todo custo a descentralização.

Ora, via de regra o Federalismo é uma alternativa muito melhor que a centralização, pois promove a repartição do poder no território nacional ao tempo em que aproxima o povo dos negócios do Estado. É bastante mais fácil resolver as necessidades coletivas em nível local. Ou seja, é preferível que as sociedades sejam estruturadas de baixo para cima. Esse é o segredo do sucesso da Suíça, por exemplo[89]. E isso explica também grande parte do sucesso da América. No país mais poderoso do mundo, o Poder Executivo é exercido, de fato, pelos governadores, e não pelo Presidente.

Contudo, é fácil perceber e afirmar isso hoje, em pleno século XXI, quando o sucesso do Federalismo é uma realidade histórica facilmente observável também em outros países, como no Canadá e na Austrália. Mas à época da criação da Carta do Império não havia uma única grande federação que servisse de paradigma. A independência da América era coisa muito recente, a centralização, no entanto, era algo já testado e aprovado por séculos, na maior parte do mundo.

Bernardo Pereira de Vasconcelos chegou a propor à Câmara um regime de Poder Executivo Parlamentar para as províncias. Em síntese, o Presidente da Província seria estável e alheio à política partidária, como desejava o Imperador Pedro II, e o Governo efetivo ficaria a cargo de um Conselho. Muitos problemas relacionados a centralização e descentralização poderiam ter sido evitados caso tivesse sido aprovada tal proposta. E os problemas surgidos da Proclamação da República, via golpe militar de 1889, como o fortalecimento das elites locais e o coronelismo, demonstraram que o Brasil não estava, àquele ponto, preparado para o Federalismo[90].

Mas existe incompatibilidade entre monarquia parlamentar e federalismo? De forma alguma. O Canadá, por exemplo, reúne em seu sistema político o melhor do Parlamentarismo britânico e do sistema federalista americano. A Rainha da Inglaterra continua como Chefe de Estado do país, entretanto, a maior parte do poder político encontra-se atualmente concentrada no Parlamento, e mais especificamente no Primeiro-Ministro. As províncias possuem ampla competência legislativa para tratar de assuntos locais, sendo o Governo Central detentor competência residual para tratar de temas de interesse geral. Tal sistema bem-sucedido surgiu em parte por causa da natureza contrarrevolucionária do processo de independência do país, em parte pela necessidade de acomodar sob a administração britânica a Província de Quebec, que tem cultura e língua francesas, e que sempre resistiu a um governo centralizado[91].

CAPITULO III

Da Fazenda Nacional.

Art. 170. A Receita, e despeza da Fazenda Nacional será encarregada a um Tribunal, debaixo de nome de 'Thesouro Nacional" aonde em diversas Estações, devidamente estabelecidas por Lei, se regulará a sua administração, arrecadação e contabilidade, em reciproca correspondencia com as Thesourarias, e Autoridades das Provincias do Imperio.(Vide Lei de 12.10.1832)

Art. 171. Todas as contribuições directas, á excepção daquellas, que estiverem applicadas aos juros, e amortisação da Divida Publica, serão annualmente estabelecidas pela Assembléa Geral, mas continuarão, até que se publique a sua derogação, ou sejam substituidas por outras.(Vide Lei de 12.10.1832)

Art. 172. O Ministro de Estado da Fazenda, havendo recebido dos outros Ministros os orçamentos relativos ás despezas das suas Repartições, apresentará na Camara dos Deputados annualmente, logo que esta estiver reunida, um Balanço geral da receita e despeza do Thesouro Nacional do anno antecedente, e igualmente o orçamento geral de todas as despezas publicas do anno futuro, e da importancia de todas as contribuições, e rendas publicas.

8.4 Comentários sobre o Capítulo III - Da Fazenda Nacional

A Carta de 1824 criou o Tesouro Nacional, um "tribunal" encarregado de realizar a contabilidade, a arrecadação e a administração da receita e da despesa da Fazenda Nacional. A forma como tal órgão, e também as tesourarias das províncias, realizavam tais procedimentos era regulada em lei.

Todos os tributos cobrados no Império, chamados na Carta de "contribuições directas", tinham suas alíquotas fixadas anualmente pela Assembleia Geral, entretanto, permaneciam vigentes até que fossem derrogados ou substituídos.

Cabia ao Ministro da Fazenda apresentar anualmente à Câmara dos Deputados, assim que esta se reunisse, o balanço geral das despesas e receitas do Tesouro Nacional, referente ao ano antecedente, bem como o orçamento do ano futuro, discriminando a previsão de receitas e despesas para o período. Antes disso, cada Ministro deveria entregar ao Ministério da

Fazenda o balanço do ano anterior o orçamento de sua respectiva pasta.

TITULO 8

Das Disposições Geraes, e Garantias dos Direitos Civis, e Politicos

dos Cidadãos Brazileiros.

Art. 173. A Assembléa Geral no principio das suas Sessões examinará, se a Constituição Politica do Estado tem sido exactamente observada, para prover, como fôr justo.

Art. 174. Se passados quatro annos, depois de jurada a Constituição do Brazil, se conhecer, que algum dos seus artigos merece roforma, se fará a proposição por escripto, a qual deve ter origem na Camara dos Deputados, e ser apoiada pela terça parte delles.

Art. 175. A proposição será lida por tres vezes com intervallos de seis dias de uma á outra leitura; e depois da terceira, deliberará a Camara dos Deputados, se poderá ser admittida á discussão, seguindo-se tudo o mais, que é preciso para formação de uma Lei.

Art. 176. Admittida a discussão, e vencida a necessidade da reforma do Artigo Constitucional, se expedirá Lei, que será sanccionada, e promulgada pelo Imperador em fórma ordinaria; e na qual se ordenará aos Eleitores dos Deputados para a seguinte Legislatura, que nas Procurações lhes confiram especial faculdade para a pretendida alteração, ou reforma.

Art. 177. Na seguinte Legislatura, e na primeira Sessão será a materia proposta, e discutida, e o que *se vencer, prevalecerá para a mudança, ou addição á Lei fundamental; e juntando-se á Constituição será solemnemente promulgada.*

Art. 178. E' só Constitucional o que diz respeito aos limites, e attribuições respectivos dos Poderes Politicos, e aos Direitos Politicos, e individuaes dos Cidadãos. Tudo, o que não é Constitucional, póde ser alterado sem as formalidades referidas, pelas Legislaturas ordinarias.

9. Comentários ao Título 8º - Das Disposições Geraes, e Garantias dos Direitos Civis, e Politicos

Segundo Paulo Bonavides[92], a Constituição do Império possui três grandes originalidades, quais sejam, (i) a enunciação de direitos e deveres fundamentais, (ii) a adoção do critério da constitucionalidade material (pela definição clara do que seria constitucional no texto da Carta), e (iii) a criação do Poder Moderador, inspirado nas ideias dos juristas franceses Clermond Ferrand a Benjamin Constant.

Outra marca da Carta Imperial é sua durabilidade. Nossa primeira Lei Fundamental durou 65 anos, até ter sido descartada, em 1889, pelo Golpe de Estado que instituiu a República. Tamanha duração deve-se, sem dúvidas, a sua plasticidade, sua imensa capacidade de adaptar-se às novas condições sociais, políticas e econômicas.

Também são bastante elogiosas à Carta de 1824 as palavras de Rosah Russomano[93]. Confira-se:

> Instrumento de alto nível – que se projetou durante 65 anos, traduzindo a estabilidade constitucional que usufruímos naquele período-, erige-se como um código político que honra as nossas maiores tradições e vivências.
>
> Concretamente, conforme acentua Afonso Arinos, no decurso daquele lapso de tempo, "tornou possível o desenvolvimento geralmente pacífico do Império Brasileiro, oásis de ordem, equilíbrio e relativa civilização, em comparação com o drama circundante de anarquia sul-americana".

No que diz respeito à reforma da Constituição de 1824, seu Art. 174 previa que após 4 anos do juramento da mesma pelo Imperador, o Poder Legislativo poderia alterá-la. O procedimento de reforma iniciava-se com uma proposição escrita, a partir da Câmara dos Deputados, e com o apoio de 1/3 dos parlamentares. A seguir, a proposta de reforma deveria ser lida por três vezes, com intervalos de 6 dias entre cada leitura, após o que a Câmara poderia finalmente admitir a discussão da mesma. A partir desse ponto, a tramitação da proposta de reforma seguiria o mesmo procedimento adotado na discussão das demais leis. E, sendo vencedora a proposição de reforma constitucional, seria expedida uma lei que, após sancionada pelo Imperador, ordenaria aos eleitores que na seguinte legislatura concedessem procuração para que os deputados eleitos realizassem a referida reforma. Logo na primeira sessão da seguinte legislatura, a proposta de mudança ou adição à Constituição seria votada, por maioria simples, e caso vencedora seria imediatamente promulgada juto à Constituição do Império.

Ressalte-se, contudo, que não era a totalidade do texto da Constituição de 1824 protegido por sua peculiar sistemática de emeda. Inspirado no constitucionalismo britânico, o Art. 178 reconhecia como constitucionais somente as normas que se referissem aos limites e atribuições dos poderes políticos do Império, e aos direitos políticos e individuais dos cidadãos (os direitos fundamentais de primeira geração). O restante do texto poderia ser alterado com a mesma formalidade de uma lei ordinária. Por conta desse sistema, não existiu durante o Império qualquer forma de controle judicial de constitucionalidade, o controle era realizado pela própria Assembleia Geral (o Poder Legislativo) e pelo Imperador[94][95].

Tal característica da Carta de 1824 permitiu que se realizassem todas as grandes reformas nas instituições políticas do país, especialmente no aspecto eleitoral, sem que se precisasse alterar uma linha do texto constitucional. A única emenda recebida, de fato, fora o Ato Adicional, de 1834.

Nesse sentido, a Carta tinha seu conteúdo integralizado por uma série de leis complementares, quais seja, conforme enumerado por Octaciano Nogueira[96], a Lei de 15 de outubro de 1827, que definiu os crimes de responsabilidade dos ministros e conselheiros de Estado; a Lei de 18 de setembro de 1828, que criou o Supremo Tribunal de Justiça; a Lei de 10 de outubro de 1828, que criou as Câmaras Municipais, em cada cidade e vila do Império; a Lei de 16 de dezembro de 1830, o Código Criminal; a Lei de 20 de novembro de 1832, o Código de Processo Criminal; a Lei 105, de 12 de maio 1840, também conhecida por Lei de Interpretação do Ato Adicional, e que reverteu muito da descentralização promovida pela norma de 1834; a Lei 234, de 23 de novembro de 1841, que determinou a criação do segundo Conselho de Estado; a Lei 261, de 3 de dezembro de 1841, que reformou do Código de Processo Criminal; a Lei a de no 556, de 25 de junho de 1850, o Código Comercial; a Lei 601, de 18 de setembro de 1850, também chamada de Lei de Terras; a Lei 3.029, de 9 de janeiro de 1881, conhecida por Lei Saraiva, e que instituiu o voto direto; e, por fim, a Lei 3.353 de 13 de maio de 1888, a famosa Lei Áurea, que encerrou a maligna escravidão em terras brasileiras.

Art.179. A inviolabilidade dos Direitos Civis, e Politicos dos Cidadãos Brazileiros, que tem por base a liberdade, a segurança individual, e a propriedade, é garantida pela Constituição do Imperio, pela maneira seguinte.

I. Nenhum Cidadão póde ser obrigado a fazer, ou deixar de fazer alguma cousa, senão em virtude da Lei.

II. Nenhuma Lei será estabelecida sem utilidade publica.

III. A sua disposição não terá effeito retroactivo.

IV. Todos podem communicar os seus pensamentos, por palavras, escriptos, e publical-os pela Imprensa, sem dependencia de censura; com tanto que hajam de responder pelos abusos, que commetterem no exercicio deste Direito, nos casos, e pela fórma, que a Lei determinar.

V. Ninguem póde ser perseguido por motivo de Religião, uma vez que respeite a do Estado, e não offenda a Moral Publica.

VI. Qualquer póde conservar-se, ou sahir do Imperio, como lhe convenha, levando comsigo os seus bens, guardados os Regulamentos policiaes, e salvo o prejuizo de terceiro.

VII. Todo o Cidadão tem em sua casa um asylo inviolavel. De noite não se poderá entrar nella, senão por seu consentimento, ou para o defender de incendio, ou inundação; e de dia só será franqueada a sua entrada nos casos, e pela maneira, que a Lei determinar.

VIII. Ninguem poderá ser preso sem culpa formada, excepto nos casos declarados na Lei; e nestes dentro de vinte e quatro horas contadas da entrada na prisão, sendo em Cidades, Villas, ou outras Povoações proximas aos logares da residencia do Juiz; e nos logares remotos dentro de um prazo razoavel, que a Lei marcará, attenta a extensão do territorio, o Juiz por uma Nota, por elle assignada, fará constar ao Réo o motivo da prisão, os nomes do seu accusador, e os das testermunhas, havendo-as.

IX. Ainda com culpa formada, ninguem será conduzido á prisão, ou nella conservado estando já preso, se prestar fiança idonea, nos casos, que a Lei a admitte: e em geral nos crimes, que não tiverem maior pena, do que a de seis mezes de prisão, ou desterro para fóra da Comarca, poderá o Réo livrar-se solto.

X. A' excepção de flagrante delicto, a prisão não póde ser executada, senão por ordem escripta da Autoridade legitima. Se esta fôr arbitraria, o Juiz, que a deu, e quem a tiver requerido serão punidos com as penas, que a Lei determinar.

O que fica disposto acerca da prisão antes de culpa formada, não comprehende as Ordenanças Militares, estabelecidas como necessarias á disciplina, e recrutamento do Exercito; nem os casos, que não são puramente criminaes, e em que a Lei determina todavia a prisão de alguma pessoa, por desobedecer aos mandados da justiça, ou não cumprir alguma obrigação dentro do determinado prazo.

XI. Ninguem será sentenciado, senão pela Autoridade competente, por virtude de Lei anterior, e na fórma por ella prescripta.

XII. Será mantida a independencia do Poder Judicial. Nenhuma Autoridade poderá avocar as Causas pendentes, sustal-as, ou fazer reviver os Processos findos.

XIII. A Lei será igual para todos, quer proteja, quer castigue, o recompensará em proporção dos merecimentos de cada um.

XIV. Todo o cidadão pode ser admittido aos Cargos Publicos Civis, Politicos, ou Militares, sem outra differença, que não seja dos seus talentos, e virtudes.

XV. Ninguem será exempto de contribuir pera as despezas do Estado em proporção dos seus haveres.

XVI. Ficam abolidos todos os Privilegios, que não forem essencial, e inteiramente ligados aos Cargos, por utilidade publica.

XVII. A' excepção das Causas, que por sua natureza pertencem a Juizos particulares, na conformidade das Leis, não haverá Foro privilegiado, nem Commissões especiaes nas Causas civeis, ou crimes.

XVIII. Organizar–se-ha quanto antes um Codigo Civil, e Criminal, fundado nas solidas bases da Justiça, e Equidade.

XIX. Desde já ficam abolidos os açoites, a tortura, a marca de ferro quente, e todas as mais penas crueis.

XX. Nenhuma pena passará da pessoa do delinquente. Por tanto não haverá em caso algum confiscação de bens, nem a infamia do Réo se transmittirá aos parentes em qualquer gráo, que seja.

XXI. As Cadêas serão seguras, limpas, o bem arejadas, havendo diversas casas para separação dos Réos, conforme suas circumstancias, e natureza dos seus crimes.

XXII. E'garantido o Direito de Propriedade em toda a sua plenitude. Se o bem publico legalmente verificado exigir o uso, e emprego da Propriedade do Cidadão, será elle préviamente indemnisado do valor della. A Lei marcará os casos, em que terá logar esta unica excepção, e dará as regras para se determinar a indemnisação.

XXIII. Tambem fica garantida a Divida Publica.

XXIV. Nenhum genero de trabalho, de cultura, industria, ou commercio póde ser prohibido, uma vez que não se opponha aos costumes publicos, á segurança, e saude dos Cidadãos.

XXV. Ficam abolidas as Corporações de Officios, seus Juizes, Escrivães, e Mestres.

XXVI. Os inventores terão a propriedade das suas descobertas, ou das suas producções. A Lei lhes assegurará um privilegio exclusivo temporario, ou lhes remunerará em resarcimento da perda, que hajam de soffrer pela vulgarisação.

XXVII. O Segredo das Cartas é inviolavel. A Administração do Correio fica rigorosamente responsavel por qualquer infracção deste Artigo.

XXVIII. Ficam garantidas as recompensas conferidas pelos serviços feitos ao Estado, quer Civis, quer Militares; assim como o direito adquirido a ellas na fórma das Leis.

XXIX. Os Empregados Publicos são strictamente responsaveis pelos abusos, e omissões praticadas no exercicio das suas funcções, e por não fazerem effectivamente responsaveis aos seus subalternos.

XXX.. Todo o Cidadão poderá apresentar por escripto ao Poder Legislativo, e ao Executivo reclamações, queixas, ou petições, e até expôr qualquer infracção da Constituição, requerendo perante a competente Auctoridade a effectiva responsabilidade dos infractores.

XXXI. A Constituição tambem garante os soccorros publicos.

XXXII. A Instrucção primaria, e gratuita a todos os Cidadãos.

XXXIII. Collegios, e Universidades, aonde serão ensinados os elementos das Sciencias, Bellas Letras, e Artes.

XXXIV. Os Poderes Constitucionaes não podem suspender a Constituição, no que diz respeito aos direitos individuaes, salvo nos casos, e circumstancias especificadas no paragrapho seguinte.

XXXV. Nos casos de rebellião, ou invasão de inimigos, pedindo a segurança do Estado, que se dispensem por tempo determinado algumas das formalidades, que garantem a liberdede individual, poder-se-ha fazer por acto especial do Poder Legislativo. Não se achando porém a esse tempo reunida a Assembléa, e correndo a Patria perigo imminente, poderá o Governo exercer esta mesma providencia, como medida provisoria, e indispensavel, suspendendo-a immediatamente que cesse a necessidade urgente, que a motivou; devendo num, e outro caso remetter á Assembléa, logo que reunida fôr, uma relação motivada das prisões, e d'outras medidas de prevenção tomadas; e quaesquer Autoridades, que tiverem mandado proceder a ellas, serão responsaveis pelos abusos, que tiverem praticado a esse respeito.(Vide Lei nº 16, de 1834)

Rio de Janeiro, 11 de Dezembro de 1823.- João Severiano Maciel da Costa.- Luiz José de Carvalho e Mello.- Clemente Ferreira França.- Marianno José Pereira da Fonseca.- João Gomes da Silveira Mendonça.- Francisco Villela Barboza.- Barão de Santo Amaro.- Antonio Luiz Pereira da Cunha.- Manoel Jacintho Nogueira da Gama.- Josè Joaquim Carneiro de Campos.

Mandamos portanto, a todas as Autoridades, a quem o conhecimento e execução desta Constituição pertencer, que a jurem, e façam jurar, a cumpram, e façam cumprir, e guardar tão inteiramente, como nella se contem. O Secretario de Estado dos Nogocios do Imperio a faça imprimir, publicar, e correr. Dada na Cidade do Rio de Janeiro, aos vinte e cinco de Março de mil oitocentos e vinte e quatro, terceiro da Independencia e do Imperio.

IMPERADOR Com Guarda.

João Severiano Maciel da Costa.

Carta de Lei, pela qual VOSSA MAGESTADE IMPERIAL Manda cumprir, e guardar inteiramente a Constituição Politica do Imperio do Brazil, que VOSSA MAGESTADE IMPERIAL Jurou, annuindo às Representações dos Povos.

Para Vossa Magestade Imperial ver.

Luiz Joaquim dos Santos Marrocos a fez.

Registrada na Secretaria de Estado dos Negocios do Imperio do Brazil a fls. 17 do Liv. 4º de Leis, Alvarás e Cartas Imperiaes. Rio de Janeiro em 22 de Abril de 1824.

Josè Antonio de Alvarenga Pimentel.

9.1 Comentários sobre os direitos fundamentais dos cidadãos do Império do Brasil

O núcleo fundamental de qualquer constituição envolve necessariamente a organização do Estado e a divisão de poderes, mas também a fixação de direitos fundamentais para os cidadãos.

Isto é, as constituições são instrumentos de defesa jurídica do povo contra o arbítrio estatal e também contra a ação violenta de outros indivíduos.

A Constituição de 1824, nesse sentido, trouxe o rol de direitos fundamentais dos cidadãos brasileiros em seu Art. 179, cujo caput assegura a proteção especialmente dos direitos de liberdade, segurança individual e propriedade privada.

Ressalte-se que entendiam, com toda razão, os membros do Partido Conservador, que a preservação dos três direitos acima referidos depende fundamentalmente da existência de uma autoridade forte, imparcial, justa e soberana, capaz de garantir a existência dos mesmos. Ou seja, sustentavam que fora da sujeição ao império da lei não há liberdade, mas a anarquia em que prevalece o despotismo do mais forte[97]. Assim, nada seria mais adequado para garantir os direitos fundamentais que o Poder do Imperador. Trata-se de uma posição bastante razoável, porque, como bem observa Olavo de Carvalho[98], a concessão de direitos ao povo nada significa se não houver meios de ação suficientes para que os mesmos sejam implementados. Isto é, um direito sem uma garantia correspondente, que assegure sua realização de fato, não passa de uma palavra escrita num papel.

9.2 Breves notas sobre os direitos previstos na Carta de 1824

Cumpre, então, a esta obra tratar de forma sucinta dos principais direitos fundamentais assegurados aos brasileiros pela Carta do Império.

9.2.1 Princípio da legalidade

Este princípio assegurava que o cidadão brasileiro semente podia ser obrigado a fazer ou deixar de fazer algo, o que quer que fosse, em virtude lei. Assim, protegia o povo contra abusos de poder praticados por autoridade e contra qualquer forma de coação praticada por outros indivíduos.

9.2.2 Princípio da utilidade pública das leis

Todas as leis do Império deveriam trazer algo de útil para a sociedade em seu conteúdo. O mandamento parece desnecessário, mas uma série de normas jurídicas absurdas, tais como a tentativa previsão do "direito a felicidade" na Constituição Federal de 1988, provam o contrário. O legislador antigo sabia que a simples confecção de uma lei não pode alterar a realidade das coisas. Em outros termos, isso significa que a previsão legal de um determinado direito sem uma garantia correspondente nada significa.

9.2.3 Princípio da irretroatividade da lei

A lei somente produzia efeitos para atos futuros, garantindo assim segurança jurídica para os cidadãos do Império.

9.2.4 Princípio da livre manifestação de pensamento e liberdade de imprensa

Todos os cidadãos do Império do Brasil podiam comunicar livremente seus pensamentos e, inclusive, publicá-los na imprensa sem qualquer censura prévia ou posterior. O autor, entretanto, deveria responder por seus abusos na forma da Lei.

Tal liberdade era tão ampla que o próprio Imperador Dom Pedro II era constantemente criticado na imprensa brasileira, sendo muitas vezes retratado de forma vexatória. E nada se fazia contra os críticos.

9.2.5 Princípio da liberdade religiosa

Vedava-se qualquer perseguição por motivo de religião, desde que houvesse respeito ao Estado e à moral pública. O tema já fora devidamente abordado nesta obra.

9.2.6 Princípio da liberdade de migração

Qualquer brasileiro poderia optar por permanecer em território nacional ou sair do país com todos os seus bens. Apenas as questões policiais deveriam ser observadas, para evitar a fuga de criminosos.

Novamente parece-nos uma observação banal, mas cabe lembrar que em muitos países, notadamente os países comunistas, essa liberdade não existe. Na China, por exemplo, a população não pode escolher livremente a parte do país em que viverá, e em Cuba e Coreia do Norte a população é simplesmente proibida de deixar o país. Ou seja, os cidadãos desses países (especialmente os dois últimos) são prisioneiros, escravos de seus próprios governos.

Portanto, o Império do Brasil colocava seus cidadãos em patamar civilizatório superior a alguns estados do século XXI.

9.2.7 Princípio da inviolabilidade de domicílio

A casa era considerada asilo inviolável do cidadão. À noite somente se poderia ingressar com o consentimento do mesmo, ou para salvar de calamidade como incêndio e inundação. Durante o dia, o ingresso deveria observar os termos da lei.

9.2.8 Excepcionalidade da prisão

O cidadão somente poderia ser preso com culpa formada, ou nos casos excepcionais admitidos pela lei. Nessas situações, o magistrado deveria fornecer em 24 horas ao réu uma Nota, da qual constaria o nome dos acusadores e das testemunhas, bem como o motivo da prisão. Trata-se da instituição da Nota de Culpa, presente até hoje no Processo Penal brasileiro.

9.2.9 Liberdade mediante fiança

O réu poderia livrar-se solto mediante o pagamento de fiança, nos casos definidos pela lei.

Novamente, trata-se de um instituto jurídico que fora preservado até os dias de hoje.

9.2.10 Prisão em flagrante

A regra era que a prisão deveria ser sempre executada mediante ordem da autoridade legítima, exceto quando houvesse flagrante delito. A prisão arbitrária sujeitava o executor às penas cominadas pela lei.

Estavam excluídas dessas últimas disposições as prisões realizadas dentro das Ordenanças Militares para a disciplina do Exército, assim como aquelas legalmente ordenadas mas sem natureza criminal, como hoje ocorre com os devedores de pensão alimentícia.

9.2.11 Princípio do Juiz Natural

Somente se admitia que o cidadão fosse sentenciado pela autoridade competente, conforme definido previamente pela lei, e na forma legalmente prescrita. Novamente temos uma regra que fora preservada até os dias de hoje.

9.2.12 Autonomia dos magistrados

Não se admitia que qualquer autoridade avocasse causas pendentes ou as sustasse, ou ainda que revivesse processos findos. Conforma já esclarecemos em tópico apropriado, a autonomia do "Poder Judicial" era limitada por outros dispositivos da Carta.

9.2.13 Princípio da igualdade perante a lei

Significa que "a lei deve ser aplicada imparcial e rigorosamente, de modo igual, para todos os cidadãos"[99], seja para premiar ou para punir, o critério devera ser o mérito do indivíduo, e não qualquer privilégio de nascimento.

9.2.14 Princípio do livre acesso aos cargos públicos

Os cargos públicos fossem civis, políticos ou militares eram disponíveis a todos os cidadãos brasileiros, "sem outra diferença, que não seja dos seus talentos, e virtudes".

Cumpre lembrar que em determinados Estados modernos, como a Arábia Saudita, por exemplo, certos grupos étnico-religiosos (os xiitas daquele país) não possuem pleno acesso aos cargos públicos. Portanto, novamente não se trata de uma regra desnecessária.

9.2.15 Vedação aos privilégios

No Antigo Regime de Portugal, a concessão de títulos de nobreza seguia as linhas gerais do restante da Europa. Assim, um indivíduo poderia ostentar a condição de nobre por ser membro de uma família nobre, cujos títulos normalmente remontavam a uma hierarquia militar muito antiga, conforme explicamos anteriormente. Tal hierarquia fora gestada do início da Idade Média, no tempo da queda do Império Romano, de tal forma que recebiam o domínio dos feudos e os títulos aqueles guerreiros de maior coragem, que se destacavam na defesa do povo contra os invasores bárbaros. Posteriormente, os povos invasores (os visigodos, no caso de Portugal) se misturaram cultural e religiosamente aos vencidos romanos, e muitos dos líderes bárbaros foram também agraciados com títulos de nobreza.

E já nos séculos seguintes um indivíduo também poderia ser alçada ao status de nobre por ter prestado determinados serviços especiais à Coroa portuguesa. Assim, a nobreza poderia advir de feitos militares, científicos, eclesiásticos, ou ainda feitos civis de destaque, como a navegação, por exemplo.

Mas a condição de nobre, cumpre destacar, não conferia somente uma especial dignidade aos portugueses, conferia também uma série de privilégios admitidos pela legislação, sendo alguns destes meramente ligados à organização da vida social (uma hierarquização da sociedade), tais como a preferência em procissões ou no assento à mesa. Outros privilégios, no entanto, conferiam uma real vantagem aos nobres em aspectos decisivos da vida civil. Por exemplo, alguns nobres tinham generosas isenções tributárias, e todos os nobres somente poderiam ser condenados à prisão (prisão especial) com provas bastante mais robustas do que aquelas exigidas ao súdito comum. Ou seja, havia uma presunção de confiabilidade, de fiabilidade, de virtude na palavra do nobre. Mas a condição de nobre garantia, sobretudo, uma posição sólida no Estado português. Os nobres eram a coluna do Estado de Portugal, compondo sua burocracia e servindo fielmente ao rei.

Entretanto, cumpre ressaltar que essa situação também beneficiava o Reino de Portugal. Ou seja, "a condição de nobreza não promovia somente honras e privilégios, mas estimulava os homens a obrarem sempre o bem e dignamente; demandava também compromissos e sacrifícios para com o império"[100].

Pois bem, seguindo as ideias de igualdade prevalentes em seu tempo, a Carta de 1824 ordenou que fossem abolidos todos os privilégios que não fossem essencialmente ligados aos cargos por utilidade pública.

Isso não significou, entretanto, que se houvessem abolido os títulos de nobreza no Brasil.

Dentre as atribuições do Imperador previstas no Art. 102 da Carta de 1824 estava a seguinte:

> *XI. Conceder Titulos, Honras, Ordens Militares, e Distincções em recompensa de serviços feitos ao Estado; dependendo as Mercês pecuniarias da approvação da Assembléa, quando não estiverem já designadas, e taxadas por Lei.*

Então, o que a Constituição Política de 1824 fez foi dar à instituição da nobreza brasileira contornos distintos daqueles previstos em Portugal. A principal diferença era a ausência de quaisquer privilégios legais. Isto é, não haviam privilégios processuais ou cargos públicos reservados aos nobres brasileiros. Assim, os títulos brasileiros eram meramente honoríficos, o que significa dizer que conferiam apenas uma respeitabilidade social maior ao beneficiário. Além disso, os títulos concedidos pelo Imperador não eram hereditários, ou seja, estavam circunscritos ao tempo de vida do beneficiário, e até poderiam ser passados a seu herdeiro, mas somente com novo decreto imperial, de modo que o novo nobre deveria ter méritos próprios[101].

No que se refere à hierarquia, os títulos de nobreza brasileiros seguiam a mesma ordem dos títulos portugueses. De baixo para cima, eram esses os títulos concedidos: (1) Barão sem grandeza; (2) Barão com grandeza; (3) Visconde sem grandeza; (4) Visconde com grandeza; (5) Conde; (6) Marquês; (7) Duque. Os três títulos de estirpe mais elevada traziam consigo a presunção de grandeza, o que dava aos beneficiários o direito de frequentar a Corte Imperial. E, no que tange à quantidade, Dom Pedro I concedeu um total de 134 títulos de nobreza, enquanto Dom Pedro II, tendo reinado por um período muito superior ao pai, concedeu um total de 1.113 títulos de nobreza, a maioria deste de Barão. Ressalte-se que dentre os títulos concedidos no Segundo Reinado, 156 foram conferdos pela Princesa Izabel, na qualidade de Regente.

Quanto às razões de ascensão à condição de nobre, assim como no Velho Mundo, a nobreza brasileira derivava da fidelidade e dos serviços prestados ao monarca, mas também do reconhecimento de serviços prestados à humanidade, bem como de uma posição de especial destaque na hierarquia social. Dessa forma, havia, em linhas gerais, uma nobreza econômica, formada por grandes fazendeiros, banqueiros e negociantes de café tornaram-se barões, e também uma nobreza política, que ascendia a partir do serviço burocrático[102].

Em geral os títulos eram concedidos para homens, dados os costumes da época. Mas muitas mulheres também receberam honrarias. E, ao contrário do que possa se passar no imaginário popular, negros e mestiços ricos também recebiam títulos de nobreza. Famoso exemplo é o de Francisco Paulo de Almeida, o Barão de Guaraciaba, que era negro, mas também um grande banqueiro, fazendeiro e senhor de escravos[103].

9.2.16 Vedação ao foro privilegiado

Nas causas cíveis e criminais, fora proibida a formação de foros privilegiados de qualquer natureza, exceto naquelas causas sujeitas à arbitragem de juízes particulares.

Bom seria se o constituinte de 1988 tivesse aprendido essa lição. Ao invés disso, a Carta de 1988 determinou que uma série de autoridades fossem julgadas somente por instâncias superiores do Poder Judiciário. Assim, deputados, senadores, ministro e o Presidenta da república tem o Supremo Tribunal Federal como instância natural para o julgamento de seus processos criminais. A ideia declarada era garantir a condenação dos infratores da lei, vez que os juízes de primeiro grau poderiam sofrer pressões políticas para absolver as autoridades. A experiência, entretanto, mostrou que se deu justamente o contrário. O que se observou foi um STF extremamente lento no julgamento das máximas autoridades da república, transformando-se num verdadeiro instrumento de impunidade.

A situação agravou-se tanto, que em maio de 2018 o próprio Supremo Tribunal Federal decidiu pela restrição do foro privilegiado para deputados federais e senadores, limitando os casos em que os processos criminais envolvendo os mesmos serão julgados pela corte.

9.2.17 Código Civil e Criminal

A Carta de 1824 previa a criação dessas duas legislações, que deveriam ser baseadas na Justiça e na equidade.

O Código Criminal fora criado em 1830, tendo sido o primeiro Código Penal autônomo da América Latina. Como pontos fracos, só previa pena de morte, açoites e envio às galés para os escravos, não punia os crimes culposos, e continha serias armadilhas ao "Poder Judicial". Como pontos positivos, certas passagens valorizavam a vida humana, tais como a previsão de ação pública contra os senhores que castigassem seus escravos de forma imoderada[104].

O Código Civil, no entanto, só veio a ser criado em 1916, muito depois do Golpe Republicano (eufemisticamente chamado de Proclamação da República), e durou até o ano de 2002.

9.2.18 Vedação à tortura

Proibiu-se todas as formas de tortura, açoite, marcas de ferro e outras penas cruéis.

9.2.19 Princípio da pessoalidade da pena

As penas não passavam da pessoa do delinquente. Assim, não haveria confisco dos bens da família nem transmissão da infâmia para seus herdeiros.

Novamente nos parece uma previsão desnecessária, mas na Coreia do Norte, por exemplo, as punições aos dissidentes do regime da família Kim costumam durar até três gerações. Ou seja, determinados atos de insubordinação à ditadura daquele país podem condenar até os netos do indivíduo à condição de presos políticos em "campos de reeducação" (nome eufemístico para campos de concentração), onde serão submetidos a tortura e tratamento desumano[105].

9.2.20 Condições dignas do cumprimento das penas

As cadeias do Império deveriam ser seguras, limpas e arejadas. Além disso, os réus deveriam ser separados de acordo com a natureza de seus crimes.

O esquecimento dessa lição tem custado caro ao Brasil moderno. Nosso sistema prisional tornou-se uma máquina de reprodução e aperfeiçoamento de criminosos, onde os detentos podem, sem dificuldades, comandar uma gigantesca e multimilionária rede de organizações criminosas. Isto é, no Brasil, o crime organizado é comandado de dentro das cadeias.

9.2.21 Proteção à propriedade privada

Garantiu-se o exercício do "Direito de Propriedade em toda a sua plenitude". Caso o interesse público demandasse a utilização dos bens particulares, os proprietários deveriam ser previamente indenizados, nos termos da lei.

Acertou em cheio a Carta de 1824. A experiência histórica demonstra que não existe desenvolvimento sem proteção da propriedade privada. Confira-se o que escrevi em outra obra sobre o tema:

> A perspectiva de ter sua propriedade privada aumentada estimula os indivíduos a estudar, a trabalhar, a produzir mais e com melhor qualidade, em suma, a gerar mais e mais riqueza. Ademais, a propriedade acumulada pode ser utilizada não só para o uso do indivíduo, mas também para a composição de capital. Portanto, é resguardando a propriedade privada, principalmente dos meios de produção, que se aumenta a produtividade. O incremento da produtividade, por sua vez, como já visto, constitui-se em um dos fatores preponderantes para o enriquecimento das nações. Ante tudo isso, Mises afirma que "o programa do liberalismo, se pudermos condensá-lo em uma única palavra, se resumiria no termo 'propriedade'"[106].

9.2.22 Garantia da dívida pública

A Carta assegurou os pagamentos da dívida pública aos credores. Também não há nada mais justo que isso. Como bem explica a Escola Austríaca de Economia, quem poupa seu capital e o empresta ao Estado deve receber o que emprestou acrescido dos juros pactuados, juros estes que nada mais são do que uma compensação do poupador pelo tempo em que seu capital ficará indisponível[107].

Assim, o tamanho descomunal da dívida pública brasileira não é culpa dos malignos rentistas, e sim dos péssimos gestores do Estado, que ao longo dos anos insistem em gastar mais do que aquilo que conseguem arrecadar. E assim o fazem por um motivo bastante simples: a despesa pública dá votos, enquanto a economia de recursos não. Todas as vezes que um político ordena a construção de uma estrada ou a contratação de funcionários públicos sem concurso, torna mais fácil sua reeleição. E se não há dinheiro para isso, os políticos brasileiros tomam emprestado, jogando nos ombros das próximas gerações o peso de sua irresponsabilidade.

Então, na verdade é bastante fácil controlar o crescimento da dívida pública e manter seu pagamento, basta seguir a "regra de ouro de Say"[108]:

> Outros há que exibem planos financeiros propondo meios de encher os cofres do Príncipe sem sobrecarregar os súditos. Ora, a menos que um plano financeiro seja um projeto de empreendimento industrial, só pode dar ao governo o que tira do particular ou algo que tira do governo sob outra forma. Um simples golpe de varinha mágica jamais transforma nada em alguma coisa. Por mais camuflada que seja a operação, por mais desvios que eles imprimam aos valores e por mais metamorfoses que venham a sofrer, só se pode ter um valor criando-o ou tomando-o. O melhor de todos os plano financeiros consiste em gastar pouco, e o melhor de todos os impostos é o menor.

9.2.23 Livre exercício das diversas profissões

Todos os tipos de trabalho industrial, cultura agrícola ou comércio eram de livre exercício para os brasileiros. Somente poderiam ser proibidos, por lei, aqueles que contrariassem os costumes públicos, a segurança e a saúde dos cidadãos.

Ora, conforme a Escola Austríaca de Economia costuma ressaltar, o indivíduo produz riqueza nova toda vez que utiliza sua criatividade para gestar um novo tipo de negócio, e também todas as vezes que meramente copia ou adapta uma ideia de outrem, passando assim a oferecer um serviço antes indisponível. Dessa foma, tanto as demandas humanas como as possibilidades de empreendimento são simplesmente infinitas[109].

Acontece, porém, que não é nada raro que o Estado crie severas restrições ao livre exercício das profissões e à liberdade econômica para empreender, prejudicando com isso toda a economia nacional. E, via de regra, tais regulamentações surgem para proteger interesses particulares, pois alguns poucos agentes econômicos terminam por se beneficiar da falta de concorrência. Na ausência de competição é possível oferecer um produto ruim e caro, e as pessoas ainsa assim o comprarão, por falta de outra opção.

Por fim, no intuito de reforçar o que dissemos acima, trago a seguir as palavras do Príncipe Dom Luiz Philippe de Orleans e Bragança[110], acerca da diferença de tratamento dado ao tema pelas constituições de 1824 e 1988:

> "É livre o exercício de qualquer trabalho, ofício ou profissão, atendidas as qualificações profissionais que a lei estabelecer". Comentário: A partir de 1988, não somente as escolhas das pessoas foram limitadas por sua capacitação, mas o órgão responsável por julgar se você pode realizar tal tarefa não é nem você, nem seu empregador ou cliente, mas um burocrata do Estado. A partir de 1988 a liberdade de poder trabalhar deixou de existir por completo.
>
> Quando pensamos em leis e constituições antigas pensamos em retrocesso. Ledo engano. Essa é a versão criada pelas escolas durante o século XX, para validar a república presidencialista, e a lógica de avanços do poder do Estado contra uma sociedade livre.
>
> Fica documentado portanto que desde a primeira constituição da republica a capacidade de escolher e exercer qualquer trabalho tem sido limitada ao ponto atual da

estagnação. A idéia de que a liberdade de trabalho é um direito natural e que não deve ser condicional a qualquer regulamentação deve preceder a elaboração de qualquer constituição. Toda constituição deve, no mínimo, reconhecer isso. Mas basta ler as constituções do Brasil do século XX para perceber que esse conceito desapareceu. O Brasil do século XXI tem de resgatar princípios atemporais para não ficar no eterno atraso.

9.2.24 Abolição das corporações de ofício

Todas as Corporações de Ofício foram prontamente abolidas pela Carta do Império.

Corporações de ofício eram grupos de artesão e trabalhadores manuais que, desde a Idade Média, monopolizavam o ensino e exercício de determinadas profissões. No entanto, tais instituições passaram a ser severamente criticadas a partir do surgimento das ideias do liberalismo econômico. Percebeu-se que elas praticavam um protecionismo que impedia o livre comércio e, portanto, o desenvolvimento econômico das nações, na medida em que impediam os indivíduos de utilizar seus talentos da forma mais produtiva. Em outros termos, se somente uma corporação podia lhe dar o "título" de ferreiro, de nada adiantaria você ter nascido com um talento natural para a atividade. Além disso, os jovens permaneciam muitos anos vinculados a seu mestre, de tal forma que sua liberdade de iniciativa restava severamente prejudicada. Assim, as corporações reduziam sensivelmente a produtividade geral da economia[111]. Dito isso, acertou em cheio a carta de 1824.

9.2.25 Direitos de propriedade intelectual

Garantia aos inventores da propriedade de suas descobertas ou produções, bem como a fixação legal de privilégio de seu uso temporário exclusivo, e ainda da indenização por perdas em caso de vulgarização.

Para complementar os termos da Carta, institui-se a Lei de 28 de Agosto de 1830. Dentre outras medidas, a norma assegurava direitos de propriedade intelectual para aquele que viesse a melhorar uma descoberta ou invenção alheia, bem como um prêmio proporcional à dificuldade para quem introduzisse em território do Império indústria estrangeira. Os direitos de propriedade dos inventores eram assegurados pela concessão sem custos de patentes, pelo prazo de 5 a 25 anos, para o requerente, que deveria depositar em arquivo público os planos, desenhos e esquemas necessários para descrever sua descoberta ou invenção. O detentor da patente poderia dispor da mesma como bem entendesse, e o infrator da patente, por sua vez, sujeitava-se ao pagamento de pesadas multas e mais indenização por perdas e danos[112].

9.2.26 Inviolabilidade de correspondência

Assegurou-se a inviolabilidade das cartas, sob pena de responsabilização direta da administração do Correio.

9.2.27 Garantia de recompensas

Aos serviços feitos ao Estado, fossem estes civis ou militares, era garantido o pagamento das recompensas legalmente previstas.

9.2.28 Responsabilidade dos empregados públicos

Respondiam todos os empregados públicos pelos abusos e omissões que praticassem no exercício de suas funções, bem como pela omissão de responsabilizar seus subordinados.

9.2.29 Direito de Petição

Garantia-se a todos os cidadãos brasileiros o direito de apresentar infrações e queixas aos poderes Legislativo e Executivo, bem como expor qualquer infração dos termos da Constituição de 1824. Tal exposição poderia vir acompanhada de requerimento de responsabilização dos responsáveis pela infração.

9.2.30 Socorros públicos

Os socorros públicos também foram garantidos pela Carta de 1824. Tratavam-se tais socorros de auxílios exercidos concedidos pelo Estado para os desamparados da sociedade brasileira, tais como as viúvas, os órfãos, os inválidos e os miseráveis. Isto é, consistam numa filantropia organizada e custeada pelo Estado, um embrião de uma previdência social, ainda que permanecesse grande a participação de entidades de caridade de natureza religiosa.

9.2.31 Garantia de instrução primária a todos os cidadãos

Até a vigência da Carta de 1824, a educação no Brasil seguia os moldes portugueses, conforme definidos pelo Marquês de Pombal, em 1759. Cada escola era, na verdade, uma "cadeira" avulsa ministrada por um professor, sem articulação com as demais, e os alunos podiam assistir quaisquer aulas pelas que se interessarem, que, via de regra, eram ministradas na própria residência dos professores, cujos salários eram baixíssimos.

Entretanto, a fim de dar cumprimento à Constituição do Império, editou-se a Lei Geral do

Ensino, de 15 de outubro de 1827, que determinou a abertura de escolas de primeiras letras em todas as cidades, vilas e comunidades mais populosas do país, que deveriam ensinar lições de leitura, escrita, aritmética, geometria, gramática da língua nacional, princípios de moral cristã e da doutrina da Igreja Católica. Mas como bem sabemos, problemas públicos não podem ser resolvidos por decreto. Isto é, não basta que a lei diga que algo de ruim será resolvido, pois a prestação de serviços aos cidadãos demanda a construção de todo um aparato burocrático e a provisão de recursos para aquisição de materiais e manutenção.

Assim, a educação brasileira capengou durante muitos anos, dada a falta de condições materiais para a plena implementação do que previa a Carta de 1824. Entretanto, a coisa avançou lentamente e, como resultado dessas mudanças, estima-se que já no ano de 1875 o Império tivesse nada menos que 2.906 escolas públicas primárias para meninos, onde estudavam 87.847 alunos, e outras 1.675 para meninas, com um total de 40.917 alunas[113].

9.2.32 Collegios, e Universidades, aonde serão ensinados os elementos das Sciencias, Bellas Letras, e Artes:

Para dar cumprimento ao preceito anterior em relação à instrução primária, e também para desenvolver a educação de nível superior, a Carta de 1824 ordenou a criação de uma série de instituições de ensino em todo o país.

Entretanto, a partir da edição do Ato Adicional de 1834, as Assembleias Legislativas Provinciais é que passaram a ter competência legislativa para tratar de instrução pública primária e secundária. Assim, as províncias do Império passaram a responder pela ordenação e funcionamento das escolas de ensino elementar e secundário. Isso possibilitou, por exemplo, a criação da primeira escola normal do Brasil, em Niterói, no ano de 1835. Outras escolas do gênero foram criadas nos anos seguintes, para preparar os professores que seriam responsáveis pela instrução primária.

Nas mãos da Coroa restaram somente a educação na Corte, pelo que criou-se em 1838 o Colégio Pedro II, e as escolas de ensino superior, dentre as quais estavam a Academia Real da Marinha (1808), a Academia Real Militar (1810), a Academia Médico-cirúrgica da Bahia (1808) e a Academia Médico-cirúrgica do Rio de Janeiro (1809), todas criadas durante o reinado de Dom João VI.

9.2.33 Inviolabilidade dos direitos fundamentais

Nenhum dos poderes do Império poderia realizar a suspensão da Constituição de 1824 no que se refere aos direitos individuais.

9.2.34 Suspensão especial dos direitos individuais

A regra anterior continha uma única exceção: Em caso de rebelião interna (o que era bastante comum na época) ou invasão estrangeira (o que também ocorreu), estando comprometida a segurança do Estado, poderia ser expedido ato especial do Poder Legislativo no sentido de suspender temporariamente "por tempo determinado algumas das formalidades, que garantem a liberdade individual".

A medida excepcional poderia ser tomada pelo Poder Executivo caso a Assembleia geral não se encontrasse reunida, e deveria ser imediatamente suspensa caso cessasse a indispensável necessidade. Logo que encerrada, o Executivo deveria enviar à Assembleia Geral uma lista com as prisões efetuadas e medidas tomadas.

9.3 A escravidão e sua abolição

A escravidão, prática cruel que acompanha a humanidade desde seu início, foi, sem sombra de dúvidas, o aspecto mais negativo do Império Brasileiro[114]. Para se ter ideia, no ano de 1838 haviam nada menos que 37 mil escravos na capital, dentre uma população de 97 mil habitantes, mas em alguns anos o número chegaria a impressionantes 79 mil escravos, numa população de 206 mil habitantes[115].

Não havia, à época, outra parte no mundo com tanta mão de obra cativa.

Mas, ao contrário do que possa supor um brasileiro educado no século XXI, a grande maioria dos negros, tanto os escravos como os libertos, era fervorosamente monarquista. Os negros adoravam os imperadores brasileiros, em parte porque a monarquia era uma instituição tradicional na África, em parte porque tanto Dom Pedro I como Dom Pedro II os tratavam muito bem. Pai e filho eram declaradamente favoráveis à abolição, e só não a executaram muito antes somente por falta de apoio político[116].

Além disso, os negros brasileiros eram homens de seu tempo. Eles trabalhavam duro para seus senhores, mas também para si mesmos no tempo que sobrava, de modo que muitos conseguiram comprar a própria alforria, e outros tantos fizeram verdadeiras fortunas. O curioso é que também não foram poucos os libertos se tornarem senhores de escravos, algozes da mesma maldade que haviam sofrido, logo que tiveram a possibilidade.

A crueldade da instituição da escravidão era evidente para muitos, mas, conforme já dissemos, na aurora da monarquia brasileira não havia apoio político para a abolição. Desde o Período Colonial os escravos eram a principal mão de obra da economia agrícola brasileira (tanto nas pequenas propriedades rurais como nas *plantations* das lavouras de cana do Nordeste), e isso só veio a se intensificar no século XIX, a partir da ascensão econômica das grandes lavouras de café. A nova principal commoditie da economia brasileira era cultivada em grandes propriedades no Vale do Paraíba, movidas também a trabalho escravo.

Assim, a maior parte dos políticos do Império, a exemplo de José Bonifácio Andrada e Silva, entendiam que a manutenção da escravidão era essencial para conservar a unidade política do país. Na verdade, o patriarca da independência era um emancipacionista, ou seja, um adepto da ideia de fim gradual da escravidão. Além disso, a massa da população livre também estava convencida de que o fim da escravatura levaria ao colapso da sociedade brasileira[117].

A lógica era a seguinte: acreditava-se que a brusca abolição levaria a reações violentas naquelas províncias com maior população de escravos, como o Rio de Janeiro, ou seja, que a libertação levaria a uma guerra civil ou, pior, a uma série de guerras civis, que terminariam por fragmentar completamente o território nacional[118]. E de fato o temor era bastante fundado, pois foi exatamente o que aconteceu na América, onde a Guerra Civil foi deflagrada, dentre outros motivos, devido à resistência do Sul em libertar seus escravos.

Após a vitória do Norte, da União do Presidente Abraham Lincown, na Guerra Civil americana acima referida, o Brasil restou isolado no mundo como grande nação escravagista. E para tornar a situação ainda pior, a Inglaterra passou a atuar fortemente contra o tráfico de escravos.

Diante desse contexto de pressão externa, uma lei de 7 de novembro de 1831 intentou encerrar o tráfico de escravos do Brasil, impondo severas penas para os traficantes, mas não logrou êxito, e dessa forma surgiu a expressão "lei para inglês ver". Na realidade, os traficantes continuavam a agir amparados por apoio social e pelos juízes e juris das províncias, que absolviam os poucos que eram formalmente acusados[119].

Mas a Inglaterra não cessou sua pressão sobre o Brasil escravista e, após a lei chamada *Bill Alberdeen*, passou a abordar os navios negreiros em plano mar, mesmo em águas territoriais brasileiras, e libertar os cativos. Todos os navios negreiros seriam, a partir de então, tratados como navios piratas.

E tamanha carga finalmente levou ao fim oficial do tráfico de escravos vindos da África, através da Lei n° 581, de 4 de setembro de 1850, conhecida por Lei Eusébio de Queiroz.

Mas isso tudo agradava à Família Imperial. Conforme também já afirmamos, os Imperadores sempre foram abertamente contrários à escravidão, ao contrário de grande parte da classe política brasileira.

Dom Pedro I ostentava um comportamento público exemplar no que se refere à cor dos súditos, tratando igualmente brancos e negros. O monarca inclusive sugeriu a abolição gradual do regime escravocrata, com substituição dos escravos por imigrantes europeu, e libertou todos escravos da Coroa, para os quais doou lotes de terra. Dom Pedro II, por sua vez, entendia que era seu dever com Cristo libertar os escravos. Além disso, a despeito do descontentamento que geraria na classe social dominante, o Imperador via com preocupação o fato de o Brasil não poder contar com a lealdade de significativa parte de sua população.

Entretanto, Dom Pedro II não possuía poder político para executar a medida de forma repentina, e, assim, a abolição teve de ser feita em etapas, e após a proibição do desumano procedimentação de tráfico, as pressões abolicionistas lograram êxito em libertar os filhos das escravas, através da Lei nº 2.040, de 28 de setembro de 1871, conhecida por Lei do Ventre Livre. Em seguida, conseguiram a libertação dos escravos sexagenários, através da Lei nº 3270 de 28 de setembro de 1885.

Obviamente, os monarcas não foram os únicos a querer a abolição. Na verdade, grandes brasileiros, brancos e negros, ricos e pobres, devotaram suas vidas ao fim da escravidão, fosse através da criação de associações, clubes, e jornais abolicionistas, fosse através do ministrar de palestras e da realização de comícios contra a nefasta prática, fosse movendo ações judiciais contra senhores cruéis. Os abolicionistas defendiam ainda a distribuição de terras para os ex-cativos e o ensino público para seus filhos[120].

Dentre os abolicionistas podemos destacar Ferreira de Menezes Gusmão Lobo, o jornalista José do Patrocínio, o professor e engenheiro André Rebouças, Ferreira de Araújo, e Rui Barbosa. Mas o mais aguerrido dos abolicionistas brasileiros foi, certamente, Joaquim Nabuco. E há de se ressaltar ainda que os próprios escravos tiveram participação fundamental no movimento, promovendo, por exemplo, fugas em massa das fazendas do Vale do Paraíba e acolhendo os libertos nas cidades.

Por fim, em meio a agitação da nação em torno do tema, a Princesa Isabel entregou ao conservador João Alfredo Correia Oliveira a incumbência de confeccionar o projeto que colocou fim ao instituto da escravidão, a chamada Lei Áurea de 1888. A lei desagradou a muitos. Não houve pagamento de qualquer indenização aos senhores, e a época de sua realização arruinou a safra de café, de tal modo que a insatisfação da classe agrícola colaborou bastante para a queda da Monarquia brasileira. Por outro lado, o fato de não ter havido qualquer política de acolhimento social para os libertos repercute negativamente até hoje no Brasil. Mas, apesar dos pesares, o que a Princesa Isabel fez foi, em essência, um gesto de coragem e nobreza. A herdeira brasileira sabia que sua Coroa estava em risco, mas aceitou pagar o preço e entrou para a história como libertadora dos escravos.

Referências

ACEMOGLU, Daron; ROBINSON, James. **Porque as nações fracassam:** as origens do poder, da prosperidade e da riqueza. Rio de Janeiro: Elsevier, 2012.

BASILE, Marcelo. **A revolução do 7 de abril de 1831:** disputas políticas e lutas de representações. XXVII Simpósio Nacional de História, p. 1831-1840, 2013.

BASILE, Marcelo. Revoltas regenciais na Corte: o movimento de 17 de abril de 1832. **Anos 90**, Porto Alegre, v. 11, n. 19/20, p.259-298, jan./dez. 2004.

BONAVIDES, Paulo. A evolução constitucional do Brasil. **Estudos avançados**, v. 14, n. 40, p. 155-176, 2000.

BURKE, Edmund. **Reflexões sobre a revolução na França.** São Paulo: Edipro, 2013.

CARVALHO, Eder Aparecido; GILENO, Carlos Henrique. Poder moderador: Diferenças no comportamento político dos Imperadores do Brasil. **Revista Agenda Política**, V.4, n.3, set/dez, 2016.

CARVALHO, Olavo de. **Curso Teoria do Estado.** Disponível em: http://www.seminariodefilosofia.org/ Acesso em: 03. mar. 2018.

CARVALHO, Olavo de. **Que é o direito?** 1998. Disponível em http://www.olavodecarvalho.org/que-e-o-direito/. Acesso em 11. Abr. 2018.

CHAVES, Luciano Athayde. O Poder Judiciário brasileiro na colônia e no Império: (des)centralização, independência e autonomia. **Revista da AJURIS,** Porto Alegre, v. 44, n. 143, Dezembro, 2017.

CHESTERTON, Gilbert Keith. **O que há de errado com o mundo.** São Paulo: Ecclesiae, 2013.

DEL PRIORE, Mary; VENÂNCIO, Renato Pinto. **Uma breve história do Brasil.** São Paulo: Planeta, 2010.

FAUSTO, Boris. **História do Brasil.** 2. Ed. São Paulo: Editora da Universidade de São Paulo, 1995.

FERREIRA, Fabio. **Os desdobramentos das revoluções de Maio e Liberal do Porto na Banda Oriental do Uruguai:** 1810-1822. 2008. Anais Eletrônicos do VIII Encontro Internacional da ANPHLAC. Disponível em: <http://anphlac.fflch.usp.br/sites/anphlac.fflch.usp.br/files/fabio_ferreira.pdf>. Acesso em: 09 jun. 2017.

FERRER, Francisca Carla Santos. A (re)organizacao do Exercito Brasileiro na guerra do Paraguai. **Biblos,** Rio Grande, v. 17, p. 121-130, 2005.

GARSCHAGEN, Bruno. **Pare de acreditar no governo:** porque os brasileiros não confiam nos políticos e amam o Estado. Rio de Janeiro: Record, 2015.

GONÇALVES, Joanisval Brito. Monarquia republicana: Considerações sobre o sistema político canadense e seus princípios constitucionais. **Revista**

de Informação Legislativa, Brasília, v. 171, p.129-140, jun. 2007.

IENI, Denis Carlos Moser. Mecanismos de nobilitação e privilégios da nobreza portuguesa em fins do século XVIII e início do XIX, em um escrito da época. in: XV ENCONTRO REGIONAL DE HISTÓRIA, 2016, Curitiba.**Anais eletrônicos.** Curitiba: Associação Nacional de História do Paraná, 2016. Disponível em: <http://www.encontro2016.pr.anpuh.org/site/anaisco mplementares>. Acesso em: 14 jun. 2018.

KIRK, Russel. **A política da prudência.** São Paulo: É Realizações, 2014.

LACERDA, Gustavo Biscaia de. Sobre as Relações entre Igreja e Estado: Conceituando a laicidade. In: BRASIL. CONSELHO NACIONAL DO MINISTÉRIO PUBLICO. **Ministério Público em Defesa do Estado Laico.** Brasília: Cnmp, 2014. p. 177-204.

LIZEIRO, Leonam Baesso da Silva. O federalismo no império brasileiro: da constituição de 1824 ao ato adicional de 1834. Revista Diorito, v. 1. n. 1. Jul./Dez.2017.

LYNCH, Christian Edward Cyril. O Império é que era a República: a monarquia republicana de Joaquim Nabuco. **Lua Nova,** São Paulo, v. 85, pp. 277-311, 2012.

MARTINS, Ives Gandra da Silva. **O que é Parlamentarismo Monárquico.** Coleção Primeiros Passos, v. 270. Brasília: Brasiliense, 1993.

MARTINS, Mônica de Souza Nunes. **Corporações de ofícios versus liberdade de indústria:** Adam Smith, José da Silva Lisboa e a extinção do aprendizado no Brasil e na Inglaterra. ANPUH – XXIII SIMPÓSIO NACIONAL DE HISTÓRIA,Londrina, 2005.

MERGULHÃO, Rossana Teresa Curioni; COUTINHO JÚNIOR, Bazílio de Alvarenga; MACHADO, Elton Fernando Rossini. A Constituição Imperial de 1824: uma breve análise dos aspectos sociais, políticos, econômicos e jurídicos. **Revista JurisFIB,** v. 3, Baurú, set. 2012.

MIRANDA, Napoleão. Globalização, soberania nacional e direito internacional. **R. CEJ,** Brasília, n. 27, p. 86-94, out./dez. 2004.

MONTALVÃO, Sérgio. Educação na ordem constitucional brasileira: da monarquia à república. **Revista Contemporânea de Educação,** n. 11, pp. 217-230, jan/jul 2011.

NOGUEIRA, Octaciano. **1824.** Coleção Constituições Brasileira. v. 1. 3 Ed. Brasília: Senado Federal, 2012.

NEIVA, Leonardo José Feitosa. **Tributação, democracia e desenvolvimento:** o tributo como garantidor da igualdade e da liberdade. 1. Ed. Curitiba: Prismas, 2017.

OLIVEIRA, Eduardo Romero de. A idéia de Império e a fundação da Monarquia Constitucional no Brasil (Portugal-Brasil, 1772-1824). **Tempo**, Rio de Janeiro, n. 18, 2005, p. 43-63.

OLIVEIRA, Jessica Manfrim de. **Entre "grandes" e titulares:** os padrões de nobilitação do segundo reinado. 2016. 171 f. Dissertação (Mestrado) - Curso de História Social, História, Faculdade de Filosofia, Letras e Ciências Humanas da Universidade de São Paulo, São Paulo, 2016.

OLSON, Mancur. Dictatorship, Democracy, and Development. **American Political Science Review**, v. 87, n. 03, p. 567-576, set. 1993.

PEIXOTO, Afrânio. **História do Brasil**. São Paulo: Companhia Editora Nacional, 1944.

REIS, Luís Fernando Scherma. **Diogo Antônio Feijó - o primeiro mandatário eleito no brasil imperial.** In: Conpedi/UFS. (Org.). História do Direito. 1ª ed. Aracaju - SE: Conpedi, 2015.

RODRIGUES, Fabiana Mehl Sylvestre. Caminhos e descaminhos da nacionalização do Exército brasileiro no período regencial (1831-1840). **Almanack Braziliense**, n. 3, p. 57-68, 2006.

ROSAS, Roberto. A Constituição de 1824 e a Propriedade Intelectual. **Revista de Informação Legislativa,** Brasília, p.49-52, mar. 1974.

RUSSOMANO, Rosah. Facetas da Constituição de 1824. **Revista de informação legislativa**, v. 11, n. 41, p. 17-26, jan./mar. 1974.

SAY, Jean-Baptiste. **Tratado de Economia Política.** São Paulo: Abril Cultural, 1983.

SCRUTON, Roger. **As vantagens do pessimismo:** e o perigo da falsa esperança. São Paulo: É Realizações, 2015.

SCRUTON, Roger. **Como ser um conservador.** Rio de Janeiro: Record, 20015.

SICHES, Luis Recaséns. **Vida humana, sociedad y derecho:** fundamentación de la filosofía del derecho. México, La Casa de España en México. 1939.

SILVA, Maria Beatriz Nizza da. **D. Pedro e o processo de independência do Brasil.** Disponível em: http://ler.letras.up.pt/uploads/ficheiros/5032.pdf . Acesso em 13 jun. 2017.

SOTO, Jesus Huerta de. **A escola austríaca.** São Paulo: Instituto Ludwig von Mises Brasil, 2010.

SWARTZ, Lilia Moritz. **As barbas do Imperador:** Dom Pedro II, um monarca nos trópicos. 2. Ed. São Paulo: Companhia das letras, 1998.

TORRES, João Camilo de Oliveira. **Os construtores do Império: ideais e lutas do partido conservador brasileiro.** São Paulo: Companhia Editorial Nacional, 1968.

VILELA, Hugo Otávio Tavares. Ordenações Filipinas e Código Criminal do Império do Brasil (1830) –

revisitando e reescrevendo a história. **RJLB**, n. 14, Ano 3, pp. 767-780, 2017.

---

1 PEIXOTO, Afrânio. **História do Brasil**. São Paulo: Companhia Editora Nacional, 1944.

2 GARSCHAGEN, Bruno. **Pare de acreditar no governo:** porque os brasileiros não confiam nos políticos e amam o Estado. Rio de Janeiro: Record, 2015.

3 OLIVEIRA, Eduardo Romero de. A idéia de Império e a fundação da Monarquia Constitucional no Brasil (Portugal-Brasil, 1772-1824). **Tempo**, Rio de Janeiro, n. 18, 2005, p. 43-63.

4 BONAVIDES, Paulo. A evolução constitucional do Brasil. **Estudos avançados**, v. 14, n. 40, p. 155-176, 2000.

5 FERREIRA, Fabio. **Os desdobramentos das revoluções de Maio e Liberal do Porto na Banda Oriental do Uruguai:** 1810-1822. 2008. Anais Eletrônicos do VIII Encontro Internacional da ANPHLAC. Disponível em: <http://anphlac.fflch.usp.br/sites/anphlac.fflch.usp.br/files/fabio_ferreira.pdf>. Acesso em: 09 jun. 2017.

6 SILVA, Maria Beatriz Nizza da. **D. Pedro e o processo de independência do Brasil.** Disponível em: http://ler.letras.up.pt/uploads/ficheiros/5032.pdf . Acesso em 13 jun. 2017.

7 BONAVIDES, Paulo. op. cit.

8 SILVA, Maria Beatriz Nizza da. **D. Pedro e o processo de independência do Brasil.** Disponível em: http://ler.letras.up.pt/uploads/ficheiros/5032.pdf. Acesso em 13 jun. 2017.

9 PEIXOTO, Afrânio. op. cit.

10 PEIXOTO, Afrânio. op. cit.

11 TORRES, João Camilo de Oliveira. **Os construtores do Império:** ideais e lutas do partido conservador brasileiro. São Paulo: Companhia Editorial Nacional, 1968.

12 CARVALHO, Eder Aparecido; GILENO, Carlos Henrique. Poder moderador: Diferenças no comportamento político dos Imperadores do Brasil. **Revista Agenda Política**, V.4, n.3, set/dez, 2016.

13 BONAVIDES, Paulo. op. cit.

14 TORRES, João Camilo de Oliveira. op. cit.

15 RUSSOMANO, Rosah. Facetas da Constituição de 1824. **Revista de informação legislativa**, v. 11, n. 41, p. 17-26, jan./mar. 1974.

16 OLIVEIRA, Eduardo Romero de. op. cit.

17 MIRANDA, Napoleão. Globalização, soberania nacional e direito internacional. **R. CEJ,** Brasília, n. 27, p. 86-94, out./dez. 2004.

18 CARVALHO, Olavo de. **Curso Teoria do Estado.** Aula 10. disponível em: http://www.seminariodefilosofia.org/ Acesso em: 03. mar. 2018.

19 SCRUTON, Roger. **Como ser um conservador.** Rio de Janeiro: Record, 20015.

20 LACERDA, Gustavo Biscaia de. Sobre as Relações entre Igreja e Estado: Conceituando a laicidade. In: BRASIL. CONSELHO NACIONAL DO MINISTÉRIO PÚBLICO. **Ministério Público em Defesa do Estado Laico.** Brasília: Cnmp, 2014. p. 177-204.

21 SICHES, Luis Recaséns. **Vida humana, sociedad y derecho:** fundamentación de la filosofía del derecho. México, La Casa de España en México. 1939.

22 NOGUEIRA, Octaciano. op. cit.

23 NOGUEIRA, Octaciano. op. cit.

24 TORRES, João Camilo de Oliveira. op. cit.

25 NOGUEIRA, Octaciano. **1824.** op. cit.

26 GONÇALVES, Joanisval Brito. Monarquia republicana: Considerações sobre o sistema político canadense e seus princípios constitucionais. **Revista de Informação Legislativa,** Brasília, v. 171, p.129-140, jun. 2007.

27 BRASIL. Senado Federal. **Princesa Isabel, a primeira**

senadora. 2015. Disponível em: <https://www12.senado.leg.br/noticias/especiais/eleicoes-2014/videos/como-o-brasil-votava-princesa-isabel-a-primeira>. Acesso em: 08 maio 2018.

28 TORRES, João Camilo de Oliveira. op. cit.

29 TORRES, João Camilo de Oliveira. op. cit.

30 NEIVA, Leonardo José Feitosa. **Tributação, democracia e desenvolvimento:** o tributo como garantidor da igualdade e da liberdade. 1. Ed. Curitiba: Prismas, 2017.

31 RUSSOMANO, Rosah. op. cit.

32 MARTINS, Ives Gandra da Silva. **O que é Parlamentarismo Monárquico.** Coleção Primeiros Passos, v. 270. Brasília: Brasiliense, 1993.

33 MARTINS, Ives Gandra da Silva. op. cit.

34 MARTINS, Ives Gandra da Silva. op. cit.

35 NEIVA, Leonardo José Feitosa. op. cit.

36 ACEMOGLU, Daron; ROBINSON, James. **Porque as nações fracassam:** as origens do poder, da prosperidade e da riqueza. Rio de Janeiro: Elsevier, 2012.

37 CARVALHO, Olavo de. **Curso Teoria do Estado.** Disponível em: http://www.seminariodefilosofia.org/ Acesso em: 03. mar. 2018.

38 KIRK, Russel. **A política da prudência.** São Paulo: É

Realizações, 2014. p. 333.

39 TORRES, João Camilo de Oliveira. op. cit.

40 NOGUEIRA, Octaciano. op. cit.

41 TORRES, João Camilo de Oliveira. op. cit.

42 NOGUEIRA, Octaciano. op. cit.

43 NOGUEIRA, Octaciano. op. cit.

44 GARSCHAGEN, Bruno. op. cit.

45 GARSCHAGEN, Bruno. op. cit.

46 TORRES, João Camilo de Oliveira. op. cit.

47 GARSCHAGEN, Bruno. op. cit.

48 TORRES, João Camilo de Oliveira. op. cit.

49 GARSCHAGEN, Bruno. op. cit.

50 TORRES, João Camilo de Oliveira. op. cit.

51 TORRES, João Camilo de Oliveira. op. cit.

52 BONAVIDES, Paulo. op. cit. p. 15.

53 OLIVEIRA, Eduardo Romero de. op. cit.

54 TORRES, João Camilo de Oliveira. op. cit.

55 NOGUEIRA, Octaciano. op. cit. p. 32.

56 BONAVIDES, Paulo. op. cit.

57 LIZEIRO, Leonam Baesso da Silva. O federalismo no império brasileiro: da constituição de 1824 ao ato adicional de 1834. Revista Diorito, v. 1. n. 1. Jul./Dez.2017.

58 TORRES, João Camilo de Oliveira. op. cit.

59 RUSSOMANO, Rosah. op. cit.

60 BONAVIDES, Paulo. op. cit.

61 CARVALHO, Olavo de. **Curso Teoria do Estado.** Aula 09. disponível em: http://www.seminariodefilosofia.org/ Acesso em: 03. mar. 2018.

62 O GLOBO. **Dilma custa aos brasileiros o dobro da rainha Elizabeth II para os britânicos.** 2015. Disponível em: <http://noblat.oglobo.globo.com/geral/noticia/2015/10/dilma-custa-aos-brasileiros-o-dobro-da-rainha-elizabeth-ii-para-os-britanicos.html>. Acesso em: 07 maio 2018.

63 BBC BRASIL. **Projeto de lei quer acabar com 'taxa do Príncipe' em Petrópolis.** Disponível em: http://www.bbc.com/portuguese/videos_e_fotos/2014/11/141126_laudemio_vale_este_lgb. 2015. Acesso em 07 maio 2018.

64 CHESTERTON, Gilbert Keith. **O que há de errado com o mundo**. São Paulo: Ecclesiae, 2013.

65 BURKE, Edmund. **Reflexões sobre a revolução na França.** São Paulo: Edipro, 2013.

66 OLSON, Mancur. Dictatorship, Democracy, and Development. **American Political Science Review**, v. 87, n. 03, p. 567-576, set. 1993.

67 BASILE, Marcelo. **A revolução do 7 de abril de 1831:** disputas políticas e lutas de representações. XXVII Simpósio Nacional de História, p. 1831-1840, 2013.

68 BASILE, Marcelo. Revoltas regenciais na Corte: o movimento de 17 de abril de 1832. **Anos 90**, Porto Alegre, v. 11, n. 19/20, p.259-298, jan./dez. 2004.

69 REIS, Luís Fernando Scherma. **Diogo Antônio Feijó - o primeiro mandatário eleito no brasil imperial.** In: Conpedi/UFS. (Org.). História do Direito. 1ª ed. Aracaju - SE: Conpedi, 2015.

70 NOGUEIRA, Octaciano. op. cit.

71 GARSCHAGEN, Bruno. op. cit.

72 TORRES, João Camilo de Oliveira. op. cit.

73 NOGUEIRA, Octaciano. op. cit.

74 NOGUEIRA, Octaciano. op. cit.

75 TORRES, João Camilo de Oliveira. op. cit.

76 TORRES, João Camilo de Oliveira. op. cit.

77 RODRIGUES, Fabiana Mehl Sylvestre. Caminhos e descaminhos da nacionalização do Exército brasileiro no período regencial (1831-1840). **Almanack Braziliense**, n. 3, p. 57-68, 2006.

78 FERRER, Francisca Carla Santos. A (re)organizacao do Exercito Brasileiro na guerra do Paraguai. **Biblos,** Rio Grande, v. 17, p. 121-130, 2005.

79 PEIXOTO, Afrânio. op. cit.

80 GARSCHAGEN, Bruno. op. cit.

81 LYNCH, Christian Edward Cyril. O Império é que era a República: a monarquia republicana de Joaquim Nabuco. **Lua Nova,** São Paulo, v. 85, pp. 277-311, 2012.

82 NOGUEIRA, Octaciano. op. cit.

83 NOGUEIRA, Octaciano. op. cit.

84 CHAVES, Luciano Athayde. O Poder Judiciário brasileiro na colônia e no Império: (des)centralização, independência e autonomia. **Revista da AJURIS,** Porto Alegre, v. 44, n. 143, Dezembro, 2017.

85 NOGUEIRA, Octaciano. op. cit.

86 TORRES, João Camilo de Oliveira. op. cit.

87 NOGUEIRA, Octaciano. op. cit.

88 TORRES, João Camilo de Oliveira. op. cit.

89 SCRUTON, Roger. **As vantagens do pessimismo:** e o perigo da falsa esperança. São Paulo: É Realizações, 2015.

90 TORRES, João Camilo de Oliveira. op. cit.

91 GONÇALVES, Joanisval Brito. Monarquia republicana: Considerações sobre o sistema político canadense e seus princípios constitucionais. **Revista de Informação Legislativa,** Brasília, v. 171, p.129-140, jun. 2007.

92 BONAVIDES, Paulo. op. cit.

93 RUSSOMANO, Rosah. op. cit.

94 BONAVIDES, Paulo. op. cit.

95 MERGULHÃO, Rossana Teresa Curioni; COUTINHO JÚNIOR, Bazílio de Alvarenga; MACHADO, Elton Fernando Rossini. A Constituição Imperial de 1824: uma breve análise dos aspectos sociais, políticos, econômicos e jurídicos. **Revista JurisFIB,** v. 3, Baurú, set. 2012.

96 NOGUEIRA, Octaciano. **1824**. op. cit.

97 TORRES, João Camilo de Oliveira. op. cit.

98 CARVALHO, Olavo de. **Que é o direito?** 1998. Disponível

em http://www.olavodecarvalho.org/que-e-o-direito/. Acesso em 11. Abr. 2018.

99 NEIVA, Leonardo José Feitosa. op. cit.

100 IENI, Denis Carlos Moser. Mecanismos de nobilitação e privilégios da nobreza portuguesa em fins do século XVIII e início do XIX, em um escrito da época. in: XV ENCONTRO REGIONAL DE HISTÓRIA, 2016, Curitiba.**Anais eletrônicos.** Curitiba: Associação Nacional de História do Paraná, 2016. Disponível em: <http://www.encontro2016.pr.anpuh.org/site/anaiscomplementar es>. Acesso em: 14 jun. 2018.

101 OLIVEIRA, Jessica Manfrim de. **Entre "grandes" e titulares:** os padrões de nobilitação do segundo reinado. 2016. 171 f. Dissertação (Mestrado) - Curso de História Social, História, Faculdade de Filosofia, Letras e Ciências Humanas da Universidade de São Paulo, São Paulo, 2016.

102 OLIVEIRA, Jessica Manfrim de. **Entre "grandes" e titulares:** os padrões de nobilitação do segundo reinado. 2016. 171 f. Dissertação (Mestrado) - Curso de História Social, História, Faculdade de Filosofia, Letras e Ciências Humanas da Universidade de São Paulo, São Paulo, 2016.

103 BBC NEW BRASIL (Brasil). **A história esquecida do 1º barão negro do Brasil Império, senhor de mil escravos.** 2018. Disponível em: <https://www.bbc.com/portuguese/brasil-44792271>. Acesso em: 18 jul. 2018.

104 VILELA, Hugo Otávio Tavares. Ordenações Filipinas e Código Criminal do Império do Brasil (1830) – revisitando e reescrevendo a história. **RJLB**, n. 14, Ano 3, pp. 767-780, 2017.

105 O OBSERVADOR (Portugal). **Fotos. Tortura e morte dentro dos campos prisionais na Coreia do Norte.** 2017. Disponível em: <https://observador.pt/2017/11/10/fotos-tortura-e-morte-dentro-dos-campos-prisionais-na-coreia-do-norte/>. Acesso em: 18 jul. 2018.

106 NEIVA, Leonardo José Feitosa. op. cit.

107 SOTO, Jesus Huerta de. **A escola austríaca.** São Paulo: Instituto Ludwig von Mises Brasil, 2010.

108 SAY, Jean-Baptiste. **Tratado de Economia Política.** São Paulo: Abril Cultural, 1983.

109 SOTO, Jesus Huerta de. op. cit.

110 BRAGANÇA, Luiz Philippe de Orleans e. **Como as constituições brasileiras acabaram com a liberdade para trabalhar aos poucos.** Disponível em: http://lpbraganca.com.br/constituicoes-brasileiras-acabaram-liberdade-para-trabalhar/. Acesso em 31. mai. 2018.

111 MARTINS, Mônica de Souza Nunes. **Corporações de ofícios versus liberdade de indústria:** Adam Smith, José da Silva Lisboa e a extinção do aprendizado no Brasil e na Inglaterra. ANPUH – XXIII SIMPÓSIO NACIONAL DE HISTÓRIA,Londrina, 2005.

112 ROSAS, Roberto. A Constituição de 1824 e a Propriedade Intelectual. **Revista de Informação Legislativa,** Brasília, p.49-52, mar. 1974.

113 MONTALVÃO, Sérgio. Educação na ordem constitucional

brasileira: da monarquia à república. **Revista Contemporânea de Educação**, n. 11, pp. 217-230, jan/jul 2011.

114 GARSCHAGEN, Bruno. op. cit.

115 SWARTZ, Lilia Moritz. **As barbas do Imperador:** Dom Pedro II, um monarca nos trópicos. 2. Ed. São Paulo: Companhia das letras, 1998.

116 GARSCHAGEN, Bruno. op. cit.

117 FAUSTO, Boris. op. cit.

118 GARSCHAGEN, Bruno. op. cit.

119 FAUSTO, Boris. op. cit.

120 DEL PRIORE, Mary; VENÂNCIO, Renato Pinto. **Uma breve história do Brasil**. São Paulo: Planeta, 2010.

www.ingramcontent.com/pod-product-compliance
Lightning Source LLC
Chambersburg PA
CBHW030610220526
45463CB00004B/1242